张景岳

温补大家

邱冬梅 编写

吉林出版集团股份有限公司
全国百佳图书出版单位

图书在版编目（CIP）数据

温补大家 张景岳 / 邱冬梅编. －－ 长春：吉林
出版集团股份有限公司，2020.2（2023.5重印）
ISBN 978-7-5581-7923-5

Ⅰ. ①温… Ⅱ. ①邱… Ⅲ. ①张景岳（1562－1639）
－传记 Ⅳ. ①K826.2

中国版本图书馆CIP数据核字(2019)第272648号

温补大家　张景岳
WENBU DAJIA
ZHANG JINGYUE

编　写　邱冬梅	**责任编辑**　宋巧玲
策　划　曹　恒	**封面设计**　MM末末美书

开　本	710mm×1000mm　1/16	**出版/发行**	吉林出版集团股份有限公司
字　数	75千	**地　　址**	吉林省长春市福祉大路5788号
印　张	8	**邮　　编**	130000
版　次	2020年2月第1版	**电　　话**	0431-81629968
印　次	2023年5月第2次印刷	**邮　　箱**	11915286@qq.com

印　刷　三河市金兆印刷装订有限公司　ISBN 978-7-5581-7923-5　**定　价** 39.80元

前言

　　中医文化是中国优秀传统文化的重要组成部分，具有创新文化的潜质。中医学是中国传统科学中沿用至今的富有中国文化特色的医学，它具有完备的理论体系，独特的诊疗方法和显著的临床疗效等特征。在中华民族五千年的历史长河中，中医学始终担负着促进人身健康的重要角色，是中华民族长期同疾病作斗争的智慧结晶，它为中华民族的繁衍、昌盛提供了重要保障。

　　《温补大家　张景岳》这本书主要收录了张景岳的成长经历和奇闻逸事等。读者通过这些故事，可以了解中医名家救死扶伤、拯救天下苍生的医德精神和中医文化的博大精深。

本书内容通俗生动，易于读者阅读。书中配以与中医文化知识相关的图片（多数植物药材图片由吉林伊通满族医院王微提供），并选取了张景岳家乡具有代表性的特色风光等作为跨页大图，使本书的内容更加生动传神，更具亲和力和吸引力。本书不仅是为了让读者了解中医文化，更是为了讲好"中国故事""中医故事"。

　　希望通过本书，读者对优秀中医文化会有更加深刻的了解和认识，能够更加热爱中医文化。通过我们对医学名家的传颂，优秀的中医文化必将再放异彩。

目录

MU 目

LU 录

　　张景岳（1563—1640 年），名介宾，字会卿，号景岳，别号通一子，因善用熟地黄，又称"张熟地"，会稽（今浙江绍兴）人，明代杰出医学家，温补学派的代表人物，著有《类经》《类经图翼》《类经附翼》《景岳全书》等经典中医学著作。其医学思想对后世有很深的影响。

第一章

读书行路的童年

小时候，因为父亲官职调动，张景岳跟随家人从西南的四川，迁居到了今东南地区的浙江绍兴。他苦读"万卷书"，又跟着父母行了"万里路"，十四岁又去北京拜名师学医，所以眼界比同时期的少年开阔得多，见识也很广博。

张景岳于明嘉靖四十二年（1563 年）出生在四川绵竹一个显赫的官宦人家，家庭背景非同一般。他的先祖在明朝刚刚建立的时候，为国家立下赫赫战功，因此被朝廷授予指挥使官职，并且是世袭的。朝廷给了他们家很多赏赐，所以他们家非常有钱。有人曾说他们家是"食禄千户"。在张景岳很小的时候，父亲承袭了指挥使的职位，要到会稽山阴赴任。于是，小张景岳就跟着父亲和母亲离开老家四川，长途跋涉去了会稽山阴。

会稽山阴就是今天的浙江绍兴一带，这一带自古文人辈出，雅士云集，东晋书法家王羲之就曾出任过"会稽内史"一职。

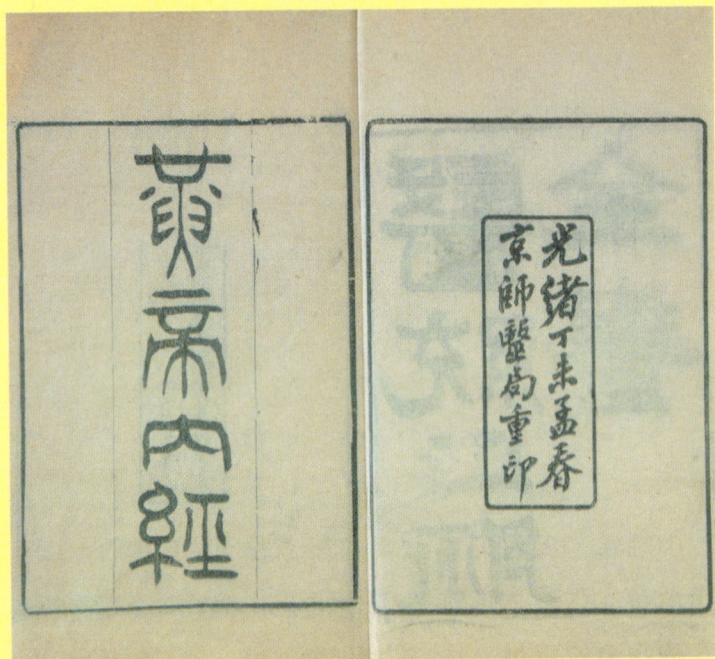

　　在交通条件不发达的古代，从四川绵竹到会稽山阴，是非常困难的。这次的长途跋涉对小张景岳来说，应该算是影响终身。

　　张景岳的父亲名叫张寿峰，精通医理。小时候，张景岳天天跟在父亲身边，耳濡目染，便对医学产生了极大的兴趣。父亲读医学典籍的时候，他也经常踮着脚尖在一旁观看。尤其是《黄帝内经》，小张景岳几乎是烂熟于胸。

　　张景岳喜欢读医书，这跟他幼年的那次长途跋涉有很大关系。从四川一路向东到浙江，他对底层老百姓的生活有了深刻的认识。因为医疗水平低下，老百姓一旦得了病就只能听天由命，还有一些人为了治病而倾家荡产。这些画面给小张景岳留下了深刻的印象。途中，他曾看见一个老人突然倒在地上起不来了。他不明白，明明是那么好的一个老爷爷，怎么说倒下就倒下了呢？他问母亲这是怎么回事。母亲说，老爷爷得了一种非常严重的病，暂时还没有药可以治疗。张景岳不明白，自己也生过病，明明吃了药就好了，怎么还有治不好的病呢？张

温 WEN
补 BU
大 DA
家 JIA

4

张 ZHANG
景 JING
岳 YUE

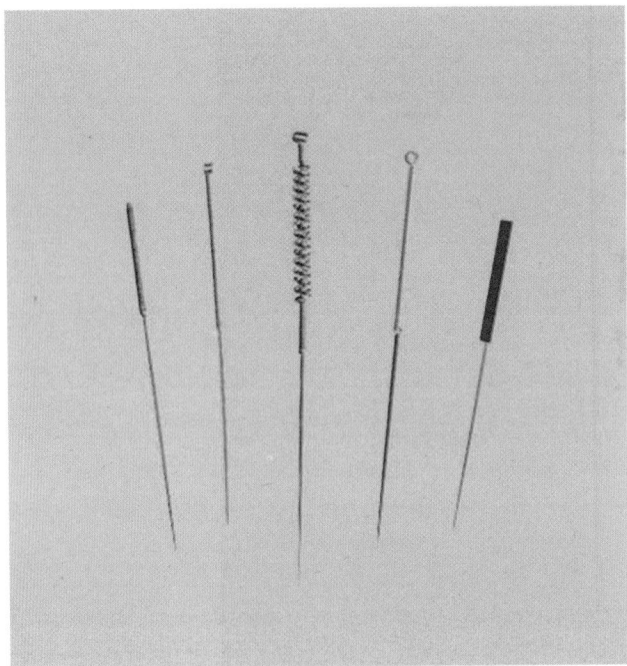

银针

景岳的父亲非常热心，他掏出随身携带的银针给老人扎了几下，虽然无法根除老人的疾病，但可以缓解病痛，也给老人带来了很大的帮助。看到老爷爷苏醒过来，张景岳开心地笑了，眉头也舒展开来。经过此事，张景岳更加崇拜自己的父亲，希望跟着父亲学习医术，像父亲那样救人于水火。

按照张景岳的家庭出身，即便他以后不努力，也不用愁吃穿，长大了自然能承袭指挥使的官职。可张景岳不是那样的人，他从来没有因为家里有钱、父亲是大官就放纵自己，一味地享受生活。恰恰相反，他从小就喜欢读书，还非常勤奋。张景岳家里藏书丰富，所以他读的书种类很多，经史子集、天文、地理、医学等，无所不包。他手不释卷，吃饭的时候还经常拿着书本。要是碰到了喜欢看的书，他就一遍遍地读，

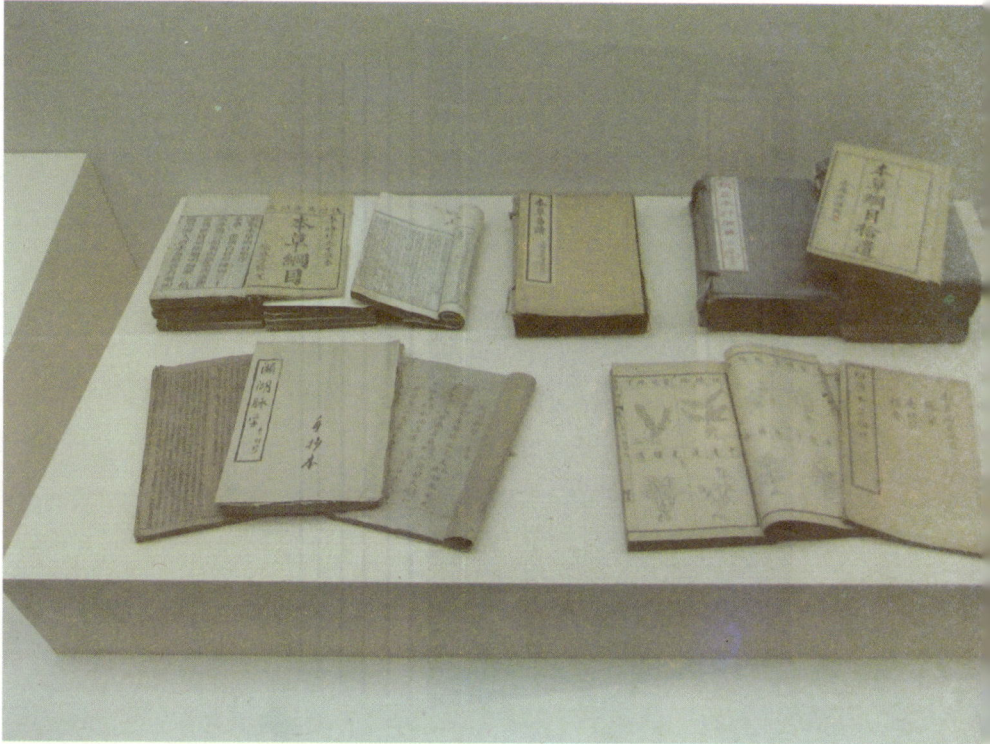

《本草纲目》等书

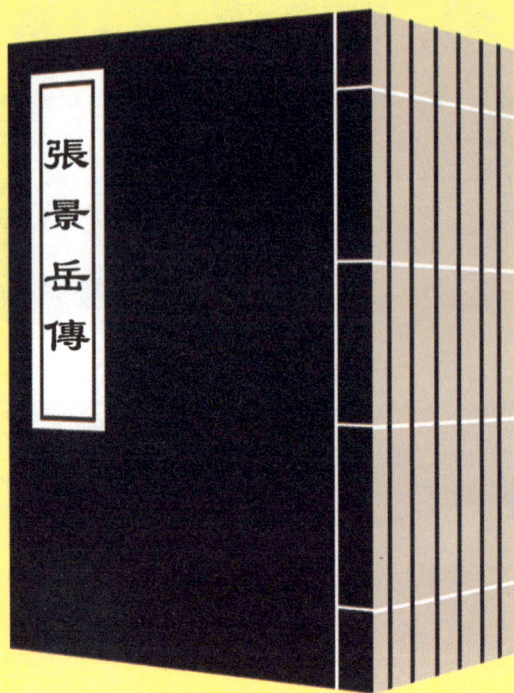

《张景岳传》

丝毫不觉得厌烦。在这些书籍中，他最喜欢的还是医学类的书。

关于张景岳的博学，史书上也多有记载。黄宗羲撰写的《张景岳传》中曾说："（张景岳）于医之外，象数、星纬、堪舆、律吕，皆能究其底蕴。"意思是说张景岳博学多才，不仅医术高明，对卜算、星相等也极有研究。

《张景岳传》中记载："在辽阳道中，闻御马者歌声聒耳，介宾曰：'此恶声也，不出五年，辽其亡矣。'已而言验。所亲问以近事，介宾曰：'我夜观乾象，宫车殆将晏驾，天下从此亦乱矣。'未几，神宗崩。"关于这段话，历来看法不一。有人说，张景岳曾经在辽阳道上听到一个车夫的声音，认为他得了很重的疾病，后来不到五年时间，这个车夫果

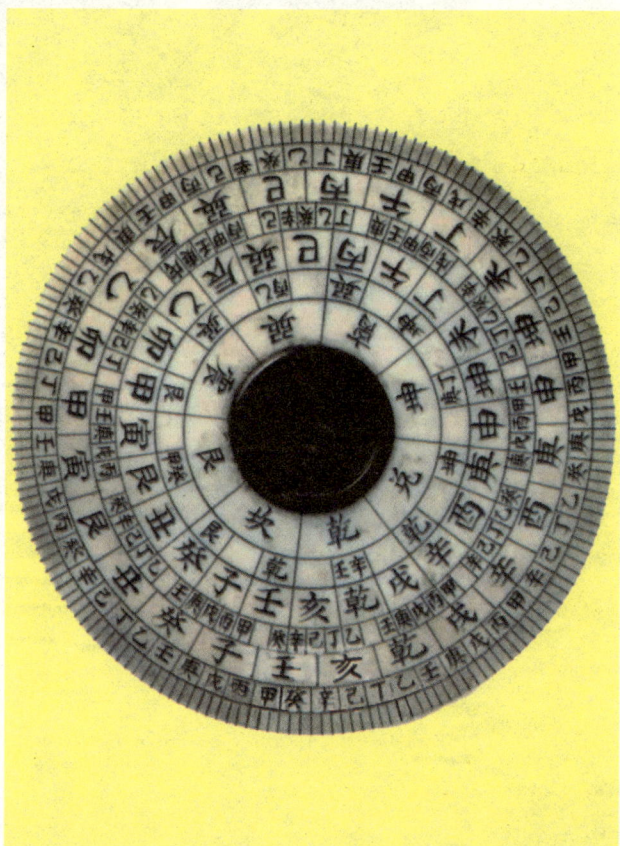

天干地支

然去世了。也有学者认为，这段话不是在说这个车夫的命运，而是在说整个辽东地区。因为张景岳生活在明朝末年，当时辽东地区的政治形势确实存在隐患。

爱好读书的习惯给了张景岳一个接收新鲜思想、认知新事物的机会和窗口。他后来的思想和行为也和小时候所看的书籍有很大关系。

张景岳的父亲看到儿子热爱医学，并且学得有模有样，认为他将来在医学方面的成就肯定会超越自己，因此越加细心地栽培他。父亲给张景岳搜集了很多医学书籍，还把自己所知道的医学知识都教给了他。有时，父亲给病人看病的时候，他也会带上张景岳。所以张景岳

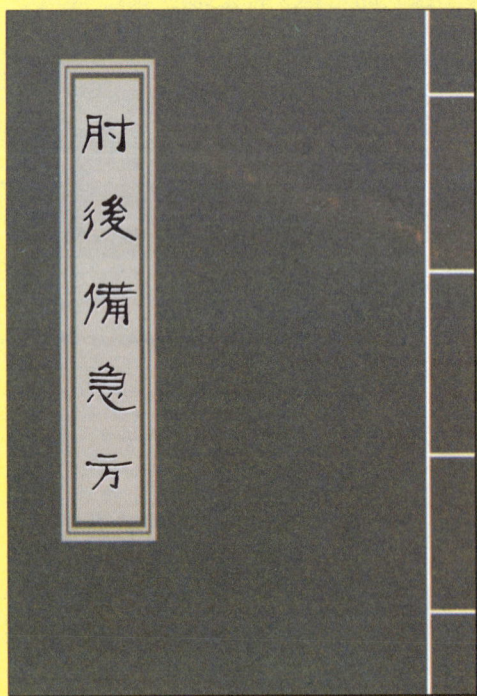

肘後備急方

《肘后备急方》

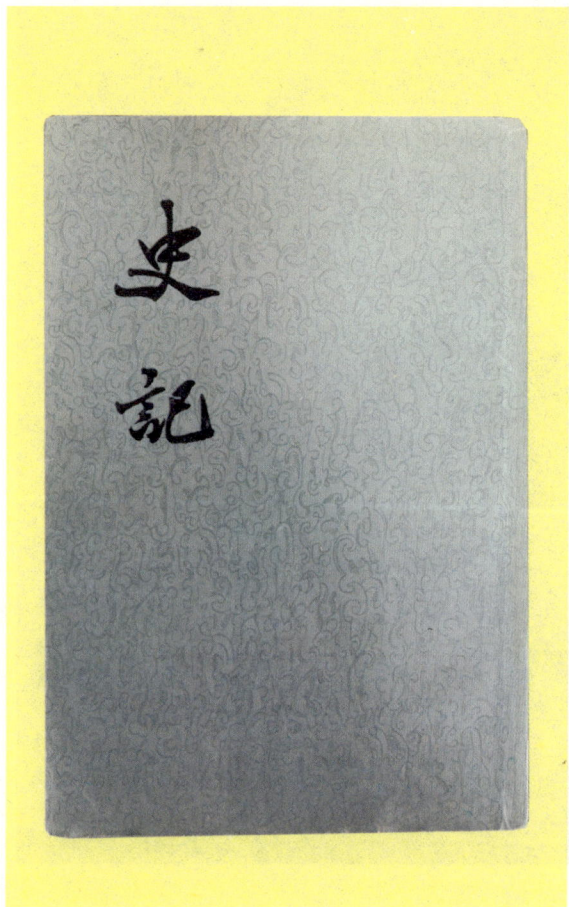

《史记》

从小就接触到了各种各样的病人，积累了很多的经验。

张景岳学得很快，不久，父亲就发现他已经没有什么可以教给张景岳的了。有时候，张景岳问父亲一个问题，父亲根本就答不上来。左思右想，父亲终于决定在张景岳十四岁的时候，把他送到北京，跟随北京当时著名的医者金英（字梦石）学习医学。张景岳的父亲认为，儿子跟着金英学习肯定能学到更多的本事。虽然他非常舍不得儿子，但是为了张景岳能够学有所成，他还是把张景岳送走了。

关于这件事情，史书上也有记载："其父为定西侯客。介宾年十四，即从游于京师，天下承平，奇才异士集于侯门。介宾幼而浚齐，

炮制石膏

温补大家

WEN
BU
大
DA
家
JIA

12

张
ZHANG
景
JING
岳
YUE

遂遍交其长者。是时金梦石工医术，介宾从之学，尽得其传。"这段话的意思是：张景岳的父亲是定西侯的门客。介宾十四岁时，就跟着父亲在京师游历。当时天下承平，奇人异士都集中于达官贵人的府上。介宾年纪虽然小，但是恭敬有礼，很快就得到了那些人的赏识。当时，金梦石擅长医术，张景岳就跟他学习，得到了他的真传。

金英医术高超，在北京城相当有名，找他看病的人经常要排队。金英此人德行也非常高，生活上从不追求奢华，反而崇尚简朴。尽管金英的医术在当时是首屈一指，但他每次给病人看病、开方，都十分谨慎，总是要经过一番深思熟虑，因此他很受百姓尊敬。张景岳非常崇拜自己的师父，对待师父也非常恭敬，学医时也非常用心，无论是跟随师父外出诊病、抄方抓药，还是上山采药、回家炮制，他都不怕苦不怕累，即使受了伤、生了病也没有偷过懒。金英非常喜欢这个徒弟，认为他是一个可造之才，因此把自己毕生行医积累的经验毫无保留地传给了张景岳。

张景岳本来就有很好的医学功底，如今又得到了师父金英的真传，很快崭露头角。慢慢地，大家都知道金英有一个很好的徒弟，更有人预测张景岳将来的医学成就肯定会超过师父。

知识加油站

历史上，"绍兴"这一名称有何由来？

1126 年，金攻陷北宋东京汴梁。在北宋政权危难之际，康王赵构被拥立为皇帝，即宋高宗。1130 年，高宗驻跸越州，取"绍奕世之宏休，兴百年之丕绪"之意，下诏翌年改元绍兴，并升越州为绍兴府。

月见草

第二章

从军东北的青年

幼年时，张景岳的志向是将来能够像父亲那样帮助更多的病人。但是每一个少年心中都有一个从军报国的梦想，张景岳也不例外。随着年龄的增长，他投军报国的愿望就越加强烈。所以青年时，张景岳离开老师，暂时放下从医之梦，踏上了从军之路。

张景岳的父亲曾做过定西侯的门客。门客是一个历史称谓，最早可以追溯到春秋时期。春秋战国时期，养客之风盛行，诸侯国的公族子弟一般都有大批门客，例如楚国的春申君、赵国的平原君、魏国的信陵君、齐国的孟尝君就以"养门客"而著称。这些门客大都具有真才实学，能在关键时刻替主人办事。他们的身份和家奴有别，平时没有固定工作，也不必干杂活儿。一旦主人需要他们，就会给他们安排具体的工作。

张景岳十四岁时，跟着父亲在京师游历。当时天下相对太平，经济水平也很高，达官贵人的府上一般都集中了很多奇才异士。这些人都非常有本事，有的博学多才，有的拥有一身武艺。张景岳在京师期间，有幸结识了这些英雄豪杰，还跟着父亲认识了不少达官显贵。

张景岳从小性格豪放，他认为一个男人就应该在战场上为国家建立功勋。虽然战场上十分凶险，但与其在家里庸庸碌碌一生，还不如轰轰烈烈杀上一场。他的祖先也是因为军功而获得了世职，他的身体里也流淌着想要建功立业的血液。

张景岳生活在明朝末年，当时虽然看上去天下太平，但是却有非

灵芝

常多的隐患：首先朝堂出现了很多问题，宦官的权力越来越大，甚至比皇帝的影响力还要大。宦官们仗着自己的权势欺压百姓，从百姓那里搜刮钱财，还抢夺他们的土地，百姓们的生活十分艰辛。东北女真族势力逐渐扩大，已经成为明朝的心腹大患。因为国家的统治越来越腐败，百姓生活在水深火热之中，所以农民起义的烽火更是此起彼伏。百姓为了躲避战乱，纷纷带着孩子离开家乡逃命去了。

　　看到这样的情景，张景岳非常心痛，他想通过自己的力量改变这种状况。张景岳从小就崇拜自己的祖辈，在他的心里，从军救国、看

炮制雌黄

温补大家
WEN
BU
DA
JIA

18

张景岳
HANG
JING
YUE

炮制磁石

病救人都是可以成就大业的事情。祖辈们都是大英雄，张景岳也想跟祖辈们一样为朝廷立下战功。当时东北战乱频繁，张景岳想，如果去了军队，一定可以像祖辈们一样帮助朝廷平息战乱，给百姓们一个安定的生活环境。

这时的张景岳在师父金英的言传身教下，已经成了可以独当一面的大夫。如果在京城继续从医，未来必能有一番作为。当时，张景岳的父亲和母亲年纪大了，家里也不像从前那样富足。如果张景岳离开家，父亲和母亲的生活肯定会受到一些影响。

经过一番心理斗争后，张景岳还是决定放弃平静的生活离开家乡，到东北地区从军。

温补大家
WEN
BU
大
DA
家
JIA

20

张
ZHANG
景
JING
岳
YUE

　　史书记载，当时东北很多地方都曾留下了张景岳的足迹。

　　此时，明朝的国力已经一日不如一日，军队里非常腐败，朝堂上也是奸佞当道。虽然皇帝也想要改变这种情况，但是都没有成功。

　　在东北，努尔哈赤率领的军队势如破竹，跟张景岳所在的明军形成了鲜明对比。张景岳从小就熟读兵书，他希望凭借自己的才华和满腔的报国热情，去改变朝廷的一些状况。但是一个人的力量毕竟太过微弱，他什么都改变不了。在军队的每一天，他都过得非常失望。他多想像自己的祖辈一样，为国家建立赫赫战功，成为一个让后人敬仰的人！他多么想收复辽西失地，使国家能够不再受外敌的侵犯！可是，

东北忍冬花

当时的明军已经彻底腐化，无论怎么努力，张景岳都没有获得太多的成就。他距离自己当初的梦想越来越远，心里的防线一天天松动。与此同时，家中的父亲和母亲已经上了年纪，日子也变得艰难起来，如果继续在军队里消磨青春，父母就会无依无靠。终于，张景岳决定彻底放弃自己的英雄梦，离开军队。

在从军的日子里，张景岳从来没有停下过钻研医学的脚步。他青年时期比较推崇"丹溪之学"。"丹溪之学"来源于元代的朱丹溪。朱丹溪 (1281—1358 年)，名震亨，字彦修，元代著名医学家。朱丹溪医术高明，临证治疗效如桴鼓，多有服药即愈、不必复诊之例，故时

朱丹溪像

人又誉之为"朱一贴""朱半仙"。朱丹溪认为"阳常有余，阴常不足"，创阴虚相火病机学说，擅长用滋阴降火的方药，创立"滋阴派"。滋阴派又称为"丹溪学派"。朱丹溪与刘完素、张从正、李东垣并称为"金元四大家"，在中国医学史上占有重要地位。

张景岳所处的明代，河间、丹溪的"火热论""相火论"占据了医学界的统治地位，很学医学界大家都十分认可。有些医生偏执于这些理论，认为以前名医留下的治病抓药的方子就是最好的，只要照搬照抄就足够了。他们不善于吸取前人的精华，反而只知道滥用寒凉的药物，对病人的脾胃造成了很大的损伤。又有些医生只知道看医书，不问清楚情况就开始抓药。还有一些医生，虽然也算是名医的弟子，

李东垣像

但是只知道因循守旧，老师说什么就是什么，不知道自己钻研药方，也不好好磨炼自己的医术。在当时，大夫不思进取、因循守旧、胡乱抓药，已经是医学界的普遍现象。

张景岳对这种现象非常气愤，痛加斥责。病人生病已经是非常痛苦了，还要吃一些没有效果或者对身体有害的药物，可以说是雪上加霜。于是，张景岳打算找寻新的治病方法。

张景岳的学术思想，早年受朱丹溪影响较大。但随着他学识的增

温补大家

WEN
BU
DA
家
JIA

26

张
HANG
景
JING
岳
YUE

丹参

人参

长及临床实践经验的增多，他开始质疑朱丹溪"阳常有余，阴常不足"的观点。张景岳在《类经附翼·真阴论》中提出："盖阴不可以无阳，非气无以生形也；阳不可以无阴，非形无以载气也，故物之生也生于阳，物之成也成于阴。"他在《类经附翼·大宝论》中说："阴阳二气最不宜偏，不偏则气和而生物，偏则气乖而杀物。"这两段文字论述了世间万物皆阴阳所生的道理，没有阴就没有阳，没有阳气，万物就不可以成形。阳可载气，所以万物可生长。另一方面，张景岳在《类经附翼·大

《类经附翼·大宝论》

宝论》中反辩"丹溪之说"的时候，同时也宣扬了他本人的"温补学说"。他认为："夫形气者，阳化气，阴化形。是形本属阴，而凡通体之温者，阳气也；一生之活者，阳气也；五官五脏之神明不测者，阳气也。及其既死，则身冷如冰，灵觉尽灭，形固存而气则去，此以阳脱在前，而阴留在后，是形气阴阳之辨也，非阴多于阳乎？二曰寒热者，热为阳，寒为阴；春夏之暖为阳，秋冬之冷为阴。当长夏之暑，万国如炉，其时也，凡草木昆虫，咸苦煎炙，然愈热则愈繁，不热则不盛。及乎一夕风霜，即僵枯遍野。是热能生物，而过热者惟病；寒无生意，而过寒则伐尽。然则热无伤而寒可畏，此寒热阴阳之辩也，非寒强于热乎？"张景岳在《类经附翼·大宝论》中，用一些自然现象反驳了朱丹溪"阴常不足"的论点。张景岳强调了阳气对人体生命的重要性，并指出"热能生物

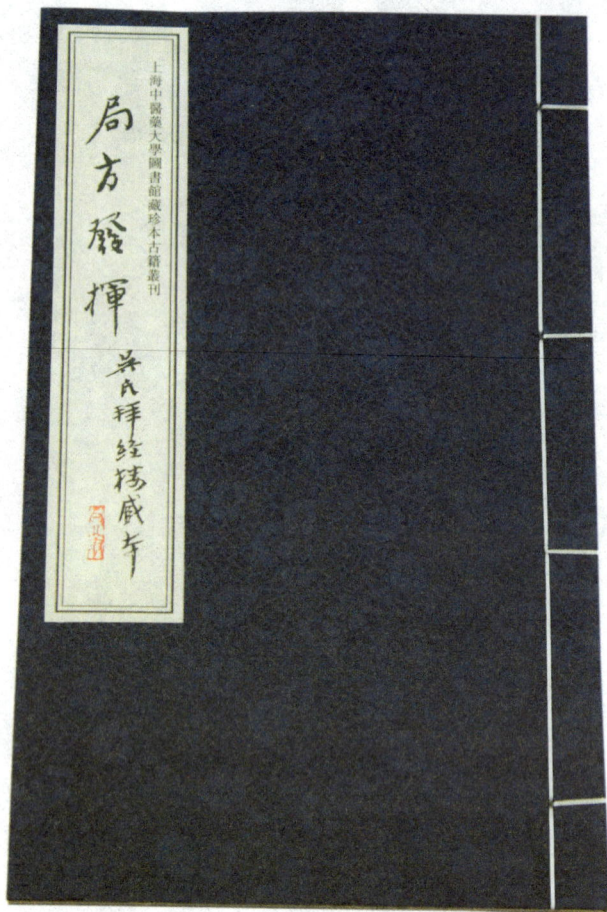

局方發揮

朱氏拜經樓藏本

《局方发挥》

而寒无生意，热无伤而寒可畏"的观点，这些形成了温补学派的中心思想。因此有后人认为，张景岳才是"温补学派"的创始人。

张景岳在医学实践中，敢于质疑书中记载的权威疗法。在多年的临床实践中，他逐渐形成了一套自己的治疗理论。如果说在张景岳学医前期，朱丹溪的学说对他产生了很大的影响，那么，在他之后的医学生涯中，薛己则是另一个对他产生重大影响的人。薛己是"温补学派"的先驱人物。他是明朝太医院的医士，主要是为皇室贵族诊病。这些皇室贵族的病大多是因为虚损，所以薛己喜欢给他们开补药。张景岳喜用温和滋补的方子也多少受此影响。

知识加油站

努尔哈赤建立的是什么政权？

后金是出身建州女真的努尔哈赤在中国东北建立的政权。明万历四十四年（1616年），努尔哈赤在赫图阿拉即汗位，国号"金"。史学界一般统称为"后金"，以与12世纪时的"金"相区别。皇太极继位后，改国号为"清"。普遍认为以"金"作国号乃为表明承袭完颜氏之金。

附子

张仲景像

第三章

行医治学的中年

明朝末年，朝廷腐败不堪，张景岳在军队辛苦打拼了很多年，也没有获得什么成就，所以他放弃了从军报国的梦想，回到家乡、父母身边，重新踏上了钻研医学的道路。

张景岳青年时期选择投军报效朝廷，希望靠自己的努力，成为一代名将，成就一番事业。但是当时的朝廷根本不给他这样的机会，在军队多年他也没有什么成就，于是张景岳下决心离开军队，回到京城，开始潜心研究医术。

因为医术高超，张景岳很快就声名大噪。很多人都找张景岳看病，大家对他的评价非常高。文献记载，当时京城的人都说张景岳的医术比张仲景、李东垣还要厉害。张仲景是东汉时期的名医，被后人称为"医圣"。李东垣是"金元四大家"之一，医术水平也非常高超。能跟名医相提并论，可见张景岳的医术确实名不虚传。

不仅是京城，就连边远地方的人也开始知道张景岳这个名医了。黄宗羲在《张景岳传》中写到了这么一件事，说"沿边大帅皆遣金币致之"，就是为了能请张景岳诊病。

据说，万历年间，京城突然发生了瘟疫。瘟疫是由一些强烈致病性微生物，如细菌、病毒引起的传染病。一般是自然灾害后，环境卫生不好引起的。在古代，人们把流行性的传染病统称为"疫病"，包括因为病毒、细菌、寄生虫和其他微生物引起的多种疾病。回顾人类历史，可以发现人类同瘟疫之间的斗争从来就没有停止过。根据史书上的记载，中国历史上常常是十年一大疫，三年一小疫，每次瘟疫都会带走无数人的性命。

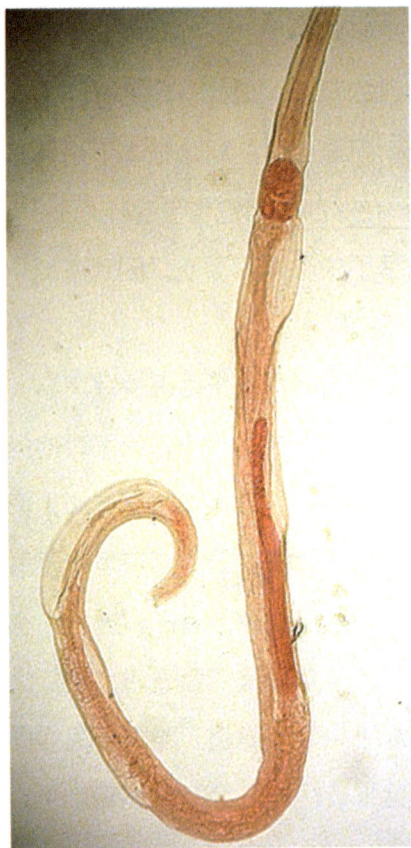

寄生虫

荒芜的田地

　　面对瘟疫的肆虐，张景岳的内心十分悲痛。他痛恨当时的统治者不管百姓们的死活，使百姓陷入水深火热之中。对此，张景岳潜心研究瘟疫的治疗方法，下决心一定要找出控制住瘟疫的办法。

　　目睹了各种流行疫病对百姓造成的严重后果，张景岳决定将自己多年的研究付诸实践。为了进一步丰富自己的经验，充实和提高自己对疾病的理性认识，张景岳决定前往瘟疫最为严重的地方。

　　当时，在京城及周边地区的很多人，都得到过张景岳的帮助。他就像"神医降世"一般，挽救了很多人的性命。疫病的爆发，使张景岳的医术更广为人知了。

　　除了救治疫病患者，张景岳还把自己的精力投入到著书立说之中。

黄帝内经

《黄帝内经》

金毛狗脊

中年的张景岳已经有很高的名气了，但是他从来都没有骄傲，只是一心一意地帮助病人摆脱病痛。在救治病人的过程中，他越来越觉得医书的重要性。在这么多年的学医道路上，他意识到没有好的医书，学习起来真的非常费时费力。

张景岳最喜欢的医书是《黄帝内经》。但是他发现，《黄帝内经》的内容太过复杂，虽然很多人对这本书作过注解，但都不是很完善，有的解释甚至还存在一些错误。例如药物"远志"，南北朝著名医药学家陶弘景说它是小草，像麻黄，但颜色青，开白花；宋代的马志却认为它像大青，说陶弘景根本就是不认识"远志"。又如"狗脊"一药，有的说它像萆薢，有的说它像拔葜，有的又说它像贯众，说法很多，

不能统一。在父亲的启示下，张景岳认识到，"读万卷书"固然重要，但"行万里路"更不可少。于是，他既"搜罗百氏"，又"采访四方"，深入实地进行调查，对所发现的问题进行——求解。

张景岳一生有很多著作。他的第一本著作叫作《类经》，总共有三十二卷。后来张景岳又编写了《类经图翼》十一卷。除此之外，他还编写了《类经附翼》四卷，《景岳全书》六十四卷等。俗话说，"授人以鱼不如授人以渔"，张景岳把自己的治病方法写进书中，希望让更多的人读到，能帮助更多的病人。

在治疗抑郁症方面，张景岳在推崇朱丹溪的做法的同时，也形成了自己特有的认知和疗法。抑郁症，主要表现为情绪长时间地低落。从轻度心情不佳、心烦意乱、失意、高兴不起来，到愁眉苦脸、忧心忡忡、郁郁寡欢、悲观绝望，这些都是抑郁症情绪低落的表现。病人往往什么都不想做，也不知道自己要做什么，觉得什么都没有意义；轻者提不起兴致，严重时会越来越不愿意参加正常的社交活动。他们会认为自己一无是处，前途黯淡，重者会内疚自责，更有甚者，会认为自己罪孽深重。

关于朱丹溪治疗抑郁症的病案，张景岳在书中曾记载过。曾有一个女性病人，她因为十

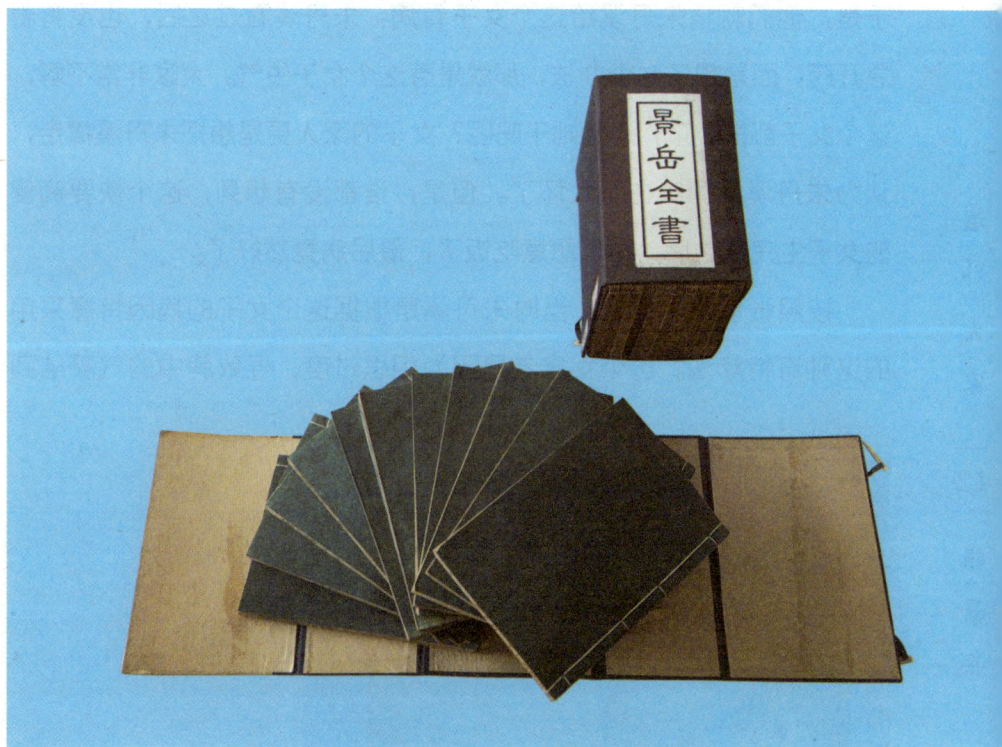

《景岳全书》

分想念自己的丈夫，所以不思饮食。俗话说："人是铁，饭是钢，一顿不吃饿得慌。"时间久了，这个女子就得了病，躺在床上痴痴傻傻的。这可把她的家人急坏了，好好的一个人怎么突然变成了这个样子？于是，他们就请朱丹溪给这个女子看病。朱丹溪看过之后，也没有着急开药，而是想了一个办法，那就是惹这个女子生气。大家非常不解，这个女子都快傻了，还惹她干吗呢？女子的家人更是想把朱丹溪撵走，认为朱丹溪品德实在是太坏了。但是，谁都没有想到，这个快要痴傻的女子生完气之后，不仅愿意吃饭了，最后病竟然好了。

按照张景岳的理解，当时朱丹溪是根据这个女子的病因特意采用的这种奇特疗法。这个女患者是因为相思过度，导致脾中的气凝结到

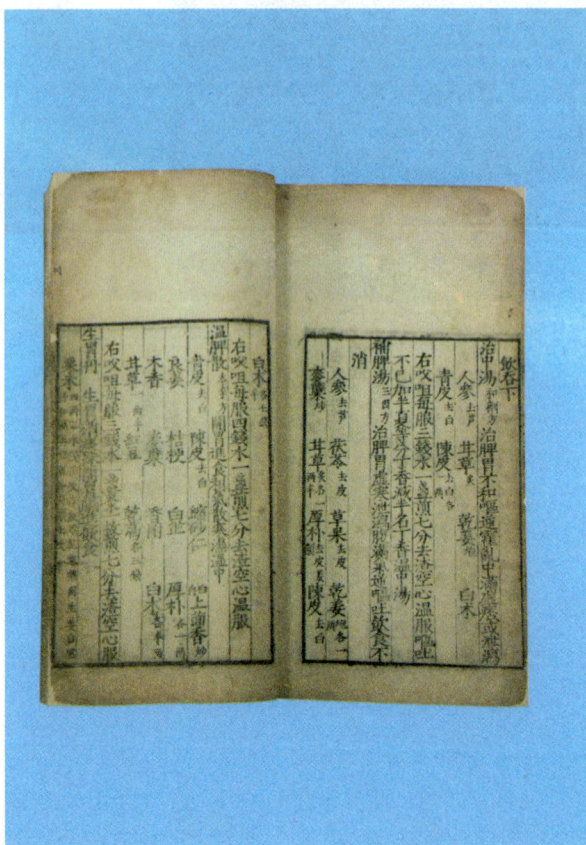

朱丹溪著作内文

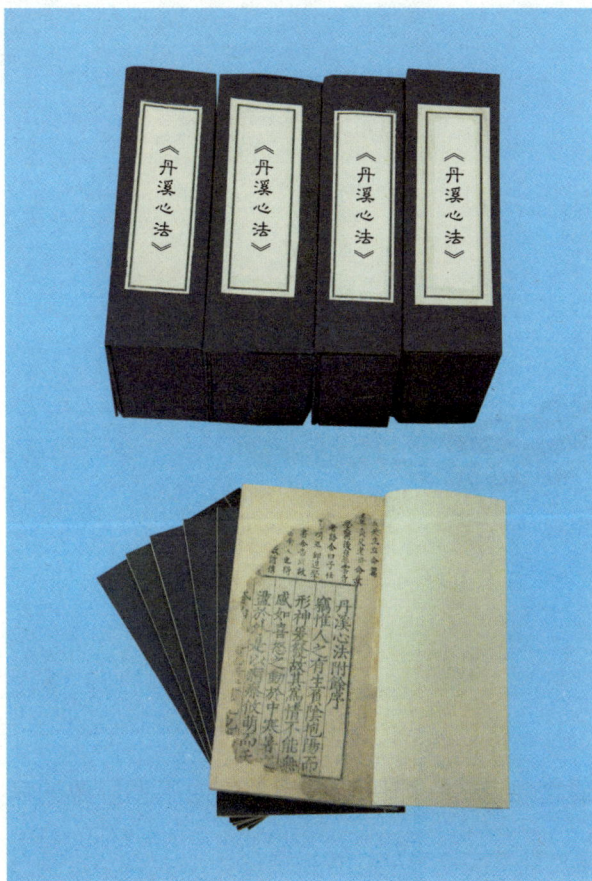

《丹溪心法》

了一起，这种病症只要有让人高兴的事情发生就能够缓解。但是，这个女子家没有什么高兴的事发生。那么，朱丹溪就让这个女子生气，也会有相同的疗效，于是就故意激怒她，让她生气。再加上配制的药方，这个女子的病就好了。《丹溪心法·六郁》中记载："气血冲和，万病不生，一有怫郁，诸病生焉，故人身诸病，多生于郁。"意思是如果一个人气血充足，并且在身体里运行得非常顺畅，这个人就不会生病，但是一旦这个人抑郁了，就会生出各种各样的病。

张景岳认为朱丹溪治疗抑郁症的方法实在是太厉害了，就把这个故事记录到了自己的书里，并且他也认为："凡气血一有不调而致病者，

人参

皆得谓之郁证。"即只要是因为气血不调导致的病症都可以称为"抑郁症"。

　　张景岳也擅长治疗抑郁症。即使是在现代，仍然有很多人对抑郁症存在着不解，但是早在几百年以前，张景岳就开始对这种病进行研究了。关于治疗抑郁症的医学理论，张景岳全都写在了他的医书里面。张景岳认为：一个人如果太过于恐惧，肯定会损伤他的脾胃和肾脏。脾胃和肾脏受到伤害，人就没有精神，食欲也会减弱。这种病症除了要吃一些药物补脾胃和肾脏，还需要开导他，让他消除心中的恐惧，这样才能去除病根。如果患者是因为相思导致的抑郁症，不仅要吃药，还要开解这个人，让他少想一些事情。如果一味地依赖药物，这种病是治不好的。

　　张景岳在《景岳全书·杂证谟·癫狂痴呆》中记录了一种狂病："或

《景岳全书》

以谋为失志，或以思虑郁结，屈无所伸，怒无所泄，以致肝胆气逆，木火合邪。"张景岳认为，人患有狂病的原因有很多，有的是因为自己的愿望没有达成；有的是因为相思过度；有的是因为心里面有冤屈，没处申诉；还有的是因为太生气了，但是没有办法发泄，于是肝气和胆气发生了逆转，就发生了狂病。

《景岳全书·杂证谟·郁证》指出，因思虑过多生病的人，"其在女子，必得愿遂而后可释，或以怒胜思，亦可暂解；其在男子，使非有能屈能伸、达观上智者，终不易却也"，主张因情病者，须从情着手。《景岳全书·妇人规·经脉类》中说："思郁不解致病者，非得情舒愿遂，多难取效。"药物治疗上，初病而气结为滞者，宜顺宜开；久病而损及中气者，宜修宜补。无论是男子还是女子，都有可能患抑郁症。治疗抑郁症必须根据实际情况，找到病因是什么，不仅要给病人吃药，还要耐心地开导病人，只要他们心里的结打开了，病症自然就好了。如果不探寻生病的原因，吃再多的药也是没有效果的。

张景岳也注重"情"对人体的重要性。他在《类经·疾病类·情志九气》中认为情分为八种，"五志之外，尚余者三，总之曰：喜、怒、思、忧、恐、惊、悲、畏。其目有八，不止七也"。

延胡索

《类经·藏象类·四时阴阳外内之应》中记载："喜出于心，过则伤心"，"怒出于肝，过则伤肝"，"脾志为思，过则伤脾"，即情志在超过个体的耐受程度时，就会产生不良的影响，导致气和神志的异常。对于情志致病，张景岳提出了"闻见夺气"的观点，认为外界的过度刺激可通过魄而影响心神，从而情志过极伤气而致病。这种认识在研究情志致病的具体过程方面迈出了一大步。

张景岳认为，"情志病"是指以情志不调为主要原因而引起的各种疾病，不是指脏腑病变引起的情志异常。张景岳认同《黄帝内经》中"百病生于气"的说法，并在《类经·疾病类·情志九气》中指出："气之在人，和则为正气，不和则为邪气。凡表里虚实，逆顺缓急，无不因气而至，故百病皆生于气。"情志由五脏之气化生，情志有节则可适当地调整人体内部，对外界事物做出相应的反应。相反，情志不调则会影响脏腑气机，甚则伤脏。所以他提倡人一定要保持愉悦的心情，否则就会生很多疾病。

《类经·疾病类·情志九气》又云："怒动于肝，则气逆而上，气逼血升，故甚则呕血。肝木乘脾，故为飧泄。肝为阴中之阳，气发于下，故气上矣。"所以，张景岳认为，保持好的心情非常重要。高兴的时候，身体里的气是非常和缓的，人也不容易生病，但是只要一生气，气就会往上升，肝气一升，血液也会跟着升上去，所以生气的人就容易吐血。人最好不要生气，否则对身体非常不好。不仅是生气，悲伤、惊恐等不良情绪都会对人的身体造成很大的损伤。

从上述内容可以看出，张景岳对情志致病的病机认识始终贯串着精气神理论和阴阳五行理论。他认为，喜、怒、思之病可虚可实，而忧、悲、惊、恐之病多虚，但每种情志引起的气机紊乱都可以伤及精、气、血，

《类经》

《景岳全书》

导致虚损。因此，他在《景岳全书·杂证谟·虚损》中总结出了情志致病的特点，即"实不终实，而虚则终虚"。张景岳在论述治情志病时，体现了他医学理论中重温补、重治形的一面。

张景岳在抑郁症的病机、诊断、治法、药方上的成就，无疑是中医史上一个非常大的进步。除了认为不良情绪会导致抑郁症，张景岳还将悲、忧、惊、恐四种情志所致之病都列入了"抑郁"的范畴。《景岳全书·妇人规·经脉类》指出，"忧思"会先损伤人的脾胃，然后会让人发生崩淋的病症。若病人生病时间长了，会导致寒热咳嗽，病人的身上会有"脉弦数或豁大"等症状。"此乃元气亏损、阴虚假热之脉，尤当用参、地、归、术甘温之属，以峻培本源，庶可望生"。意思是：

这是元气亏损的症状，应该用人参、地黄、当归等比较温和的药物给病人服用。《景岳全书·杂证谟·怔忡惊恐》指出，"心脾血气本虚，而或为怔忡，或为惊恐，或偶以大惊猝恐而致神志昏乱者，俱宜七福饮，甚者大补元煎"。张景岳认为，如果心和脾胃没有血气的话，病人再大惊大恐，就会神志不清。治疗方法应该是以恢复元气为主，应该使用七福饮，大补元煎。

当归

知识加油站

中医学的气学理论是如何形成的？

中医学中"气"的概念源于古人对人体生命现象的观察。古人通过对人体自身某些显而易见且至关重要的生命现象，如呼吸时气的出入、活动时随汗而出的热气等的观察，产生了对"气"的朴素而直观的认识。另外，人们在练气功的过程中体悟到"气"在体内的流动，于是在认识逐渐积累的基础上进行推测、联想，逐渐形成了人体之气是人体中能流动的细微物质的概念。随着认识的深入，人们对人体之气的来源、功能、运动规律和形式以及与脏腑的关系有了较系统的认识，建立了中医学的气学理论。

人参 肉桂 附子

第四章

纸上读来终觉浅

张景岳在京城行医，因为医术高超，获得了非常高的名望。张景岳五十七岁时回到会稽，专心从事临床诊疗，并结合自己的临床实践，开始著书立说。

离开军队后，张景岳返回京城行医，从此声名大噪。后来，张景岳又来到了河南。河南有一个叫叶秉敬的大官早就听说了张景岳的医术，因此想找他看病。叶秉敬，进士出身。因为当年努力考科举，身体劳累，叶秉敬患了慢性腹泻病，二十来年都未曾痊愈。偶然的机会，他知道了张景岳。张景岳为他开了个方子，其中有人参、白术、肉桂、附子等药。很多大夫都未曾尝试过用人参、附子来治闹肚子的。于是，大家对张景岳的方子将信将疑。但叶秉敬坚持服用此药，最后腹泻病治好了，当年留下的体虚病也有好转。后来有一次，叶秉敬的母亲病了，他请张景岳为母亲看后，"延寿者八载"。

后来，张景岳出版自己的第一本书《类经》的时候，叶秉敬给他提供了很大的帮助。

在京城行医的这些年，张景岳发现了古代医书的许多不足之处，开始撰写自己的医书。在看病的过程中，他越来越发现实践的重要性。如果只是一味地看医书，而不结合实际，是不可能把书编好的。因此，张景岳在他五十七岁的时候，做了一个非常重要的决定，抛弃京城的安定生活，回到会稽，接触更多的病人，获取更多的临床资料。经过多年的临床实践，张景岳获得了大量第一手临床病例资料和医学经验，医学知识涵盖面拓宽。他编撰的书籍《景岳全书》，对疾病作了分类，

温补大家
WEN
BU
DA
JIA

54

张景岳
HANG
JING
YUE

《景岳全书》内文

柴胡

不仅涉及儿科，外科、妇科都有着独到的见解，就连最为复杂的抑郁症，张景岳也有自己的一套理论。

在儿科方面，张景岳可以根据小孩子吐奶的情况以及大便的颜色判断出孩子的病情。他在《景岳全书·妇人规·乳病类》中对"乳痈乳岩"的病因分析，参考了薛己《外科发挥·乳痈》的证治经验；在《景岳全书·小儿则·吐乳》中论述了"小儿吐乳"的各种情况。他在阐明自己的认识之外，又推荐薛己之法，主张"若乳母有疾，因及其子，或有别证者，又当兼治其母，宜从薛氏之法"，指出"若小儿自受惊，或乳母恚怒，致儿吐泻青色者，宜用异功散……若母郁怒伤肝脾而乳热者，用归脾汤、逍

柴胡

遥散……若因怒动肝火而乳热者，用五味异功散加柴胡、山栀……大凡吐乳泻青色者，属惊，法当平肝补脾"。即如果孩子的乳母有疾病，孩子吃了乳母的奶水就会生病吐奶。张景岳可以从孩子吐奶的情况判断是孩子身体有病，还是乳母身体有病。如果小孩子吐奶并且排青色的粪便，那就是孩子的乳母生气导致的，应该让乳母吃一些异功散。如果乳母肝气郁结，脾胃受了损伤，那就应该给她吃一些归脾汤或者逍遥散。如果乳母是动了肝火，应该给她吃五味异功散，再加上一些柴胡和山栀。张景岳认为大多数吐奶、排青色粪便的孩童都是因为受到了惊吓，都应该平和肝气，吃药补脾胃。如果不是给很多小孩子诊过病，张景岳是不可能总结出这么全面的经验的。

不仅如此，张景岳还可以通过肉眼，判断出一个人有没有装病。张景岳在《景岳全书·妇人规·总论类》中指出："望闻问切，欲于四者去其三，吾恐神医不神矣。"他还强调诊病时应详察人情、必问病人之所便，在识别病人"诈病"方面很有心得。《景岳全书·杂证谟·诈病》中记述的张景岳曾亲身医治的四例诈病，无一不是脉证合参、细察人情的例证。他认为看病应该用"望、闻、问、切"四种方法。四种方法每一种都要用到，缺一不可。

张景岳对情志病有独到的认识。他认为"情志病""非情不解"，在用药物治疗的同时，也要"察其恶，察其慕，察其胜，察其所从生，则祝无不效"，但"必其轻浅小疾，乃可用之"。若情志伤气，药物可对气机紊乱进行调节，加速机体恢复；若情志伤神、伤形，病情较重，

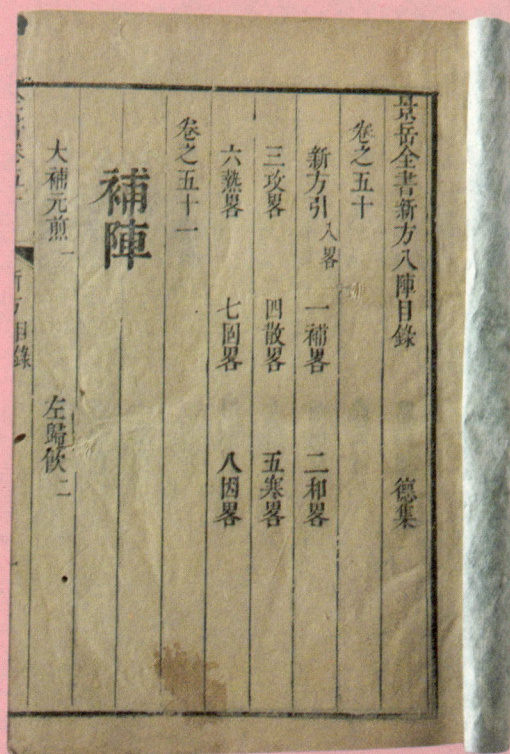

《景岳全书》内文

补虚攻实则更需要药物治疗。同时，药物治疗要与调适情志兼而用之。

关于张景岳用药物与调适情志治疗情志病，有一则有趣的病案。《类经·论治类·祝由》记载了张景岳治疗过一位儒生见鬼的病例。书载：又治一儒生，以伤寒后金水二脏不足，忽一日正午，对余叹曰："生平业儒，无所欺害，何有白须老者，素服持扇，守余不去者三日矣，意必宿冤所致也，奈之何哉？"余笑曰："所持者非白纸扇耶？"生惊曰："公亦见乎？"余曰："君以肺气不足，眼多白花，故见白鬼；若肾水不足者，眼多黑花，当见黑鬼矣。此皆正气不足，神魂不附于体，而外见本脏之色也，亦何冤之有哉？"

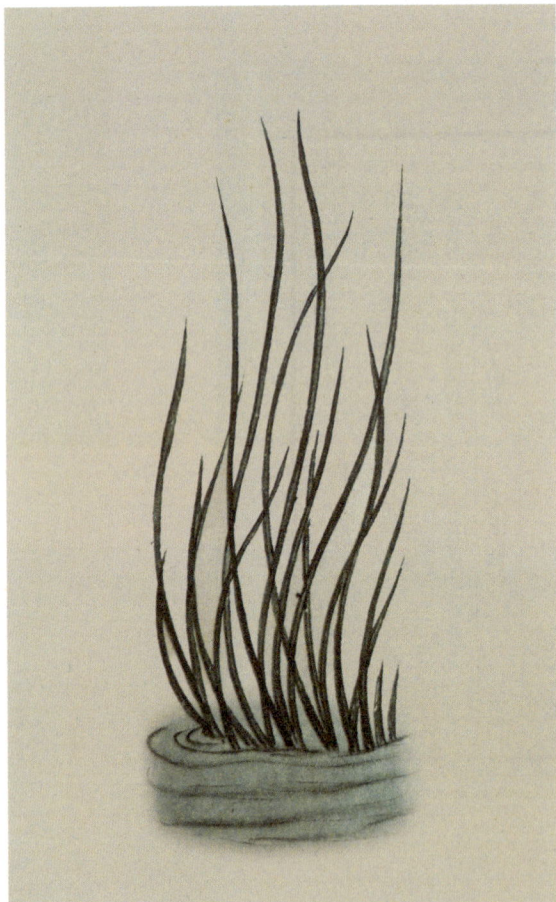

灯心草

日出

这则医案是说，有一个书生生病之后总会见到鬼，他看到一个白胡子的老人穿着浅色的衣服，手里拿着一把扇子站在自己身边不愿意离开，觉得这是有宿怨。书生非常害怕，于是找张景岳治疗。张景岳听到以后笑了笑，问书生："你看到的鬼是不是拿着白纸扇啊？"书生一听，非常惊讶，就问张景岳："你也看到那个鬼了吗？"张景岳又笑了笑："哪里有什么鬼，只是你的身体生病了，产生的幻觉罢了。"书生有一些不太相信，于是又问："那我得的到底是什么病？"张景岳说："你肺气不足，眼睛就会受到影响，眼前会出现花白色的东西，所以你会看到白色的'鬼'。如果是肾气不足，眼前会出现黑色的东西，所以你会看到黑色的'鬼'。这都是因为你身体里的正气不足啊！"

蒲公英

这位书生听了张景岳的话，认为他说得非常有道理。张景岳给书生开了一些药物，书生吃完之后，病很快就好了，再也没有看到白色的幻影。张景岳治疗此病是先以医理释其心中疑惑，而后连投金水两脏之药治愈其病，可谓为调适情志和药物治疗相结合的典范。

张景岳认为，治病既要重视用药物调治脏腑，又要重视情志对形的能动作用，强调"以情病者，非情不解"，主张形神兼顾，将调适情志和药物治疗相结合。其认识中含有较具体的"生理—心理—社会"的医学模式思想，更能真实地反映情志疾病的本质。

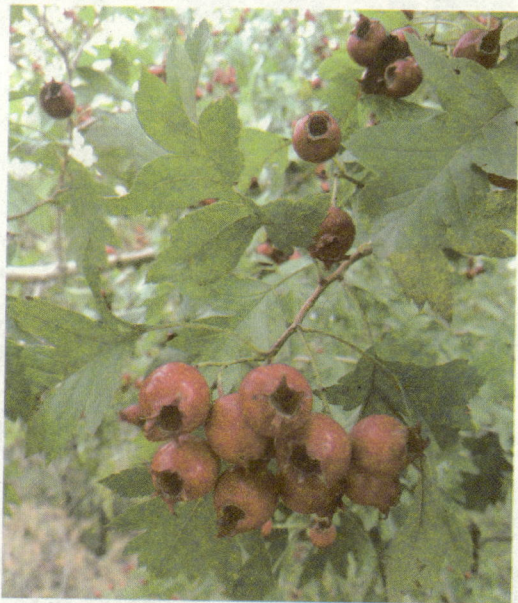

山里红

知识加油站

什么是"情志病"？

情志病，病名首见于明代医家张景岳的著作《类经》，意指发病与情志刺激有关，具有情志异常表现的病症。情志病的内容包括：一是因情志刺激而发的病症，如郁证、癫、狂等；二是因情志刺激而诱发的病症，如胸痹、心痛、眩晕（高血压病）等身心疾病；三是其他原因所致但具有情志异常表现的病症，如消渴、恶性肿瘤、慢性肝胆疾病等，并且其病情也随情绪变化而有相应的变化。现代研究证实，几乎所有的疾病都与社会心理因素有关，其中就有精神因素。

第五章

著书立说的晚年

张景岳是我国历史上杰出的医学家之一，他从中年开始著书立说，为我国的医学发展做出了巨大的贡献。他的主要著作有《类经》三十二卷，《类经图翼》十一卷，《类经附翼》四卷，《景岳全书》六十四卷，《质疑录》一卷。

在京城从医的经历，在会稽的临床实践，以及在全国多地游历的见闻，为张景岳编写《景岳全书》打下了基础。张景岳深入民间，有机会接触各种各样的病人，获得了大量与本草相关的信息，还看到了许多平时难得一见的药物。这一切对张景岳来说，不仅开阔了眼界，还丰富了知识。

张景岳对《黄帝内经》这本医书很有研究，他整整研究了三十多年。张景岳认为《黄帝内经》是医学界最经典的书，所有学习医学的人都应该钻研这本书。

经过多年研究，张景岳发现《黄帝内经》内容深奥，为其做注解可以方便后来者。自唐以来，很多人都曾给《黄帝内经》

做过注解，如王冰写过《黄帝内经素问注》，即给《黄帝内经》的《素问》做注解，这本书很有参考价值。张景岳认为《黄帝内经》中《素问》和《灵枢》这两卷的内容是相通的，如果一本没看懂，那么对另一本的学习也会有影响。为了让后人能够更好地学习《黄帝内经》，张景岳找了很多关于这两卷内容的医书，然后分类解释，接着把两卷内容合写到一本书里。最后，他给这本融合《素问》《灵枢》两部分内容的书取名为《类经》。如《类经》在序里所说："类之者，以《灵枢》启《素问》之微，《素问》发《灵枢》之秘，相为表里，通其义也。"

张景岳编书的时候非常谨慎。《类经》这本书将《灵枢》《素问》分为十二大类，然后再分成若干个小节，根据小节的内容，重新拟定标题。《类经》中不仅有《黄帝内经》的原文，还有详细的注释。张景岳还将前人的注释也列了进去，例如王冰的。他还将其中注解不太理想的地方标注了出来，以便后人用来参考。他的《类经》条理清晰，总共有三十二卷，查阅十分方便。张景岳研究了《黄帝内经》几十年，他把看的有关《黄帝内经》的医书的精华部分都写了进去，还附上了自己独到的见解。前辈们不好的地方，他也大胆地指出来，在理论方面有自己的新想法。《类经》对《黄帝内经》

《黄帝内经灵枢》

《针灸甲乙经》

的注释跟前人不同，章节安排方面也有自己的特色，是学习《黄帝内经》的重要参考书。

　　张景岳编撰完《类经》之后，发现如果能在《类经》这本书中配上一些图就更好理解、更方便学生学习了。于是，他就开始写《类经图翼》和《类经附翼》这两本书。大家肯定有这样的经历，就是看书的时候，对书本里描绘的东西非常不理解，但是一看旁边的配图，就马上豁然开朗。张景岳的这两本书就是《类经》的配图。关于这两本书，张景岳也是用了很多心血。《类经图翼》总共有十一卷，对中医里面的运气、

宋代部分针灸学著作

阴阳五行、经络穴位、针灸操作等知识点都配上了图，特别系统。《类经附翼》总共有四卷，主要是探讨易理、音律与医理的关系。

看到这里，大家肯定已经发现张景岳是个负责任的老师了。张景岳的主要治病理论是温补，因此他也写了很多文章来阐述自己的理论。他还把自己针灸方面的知识编成歌赋，以方便后人记忆学习。

张景岳晚年的时候把自己的学术思想、看病多年的经验、针灸方面的知识编成了一部更加全面的书，即《景岳全书》。这本书总共有六十四卷，直到他去世那一年才编撰完毕。"《全书》者，博采前人

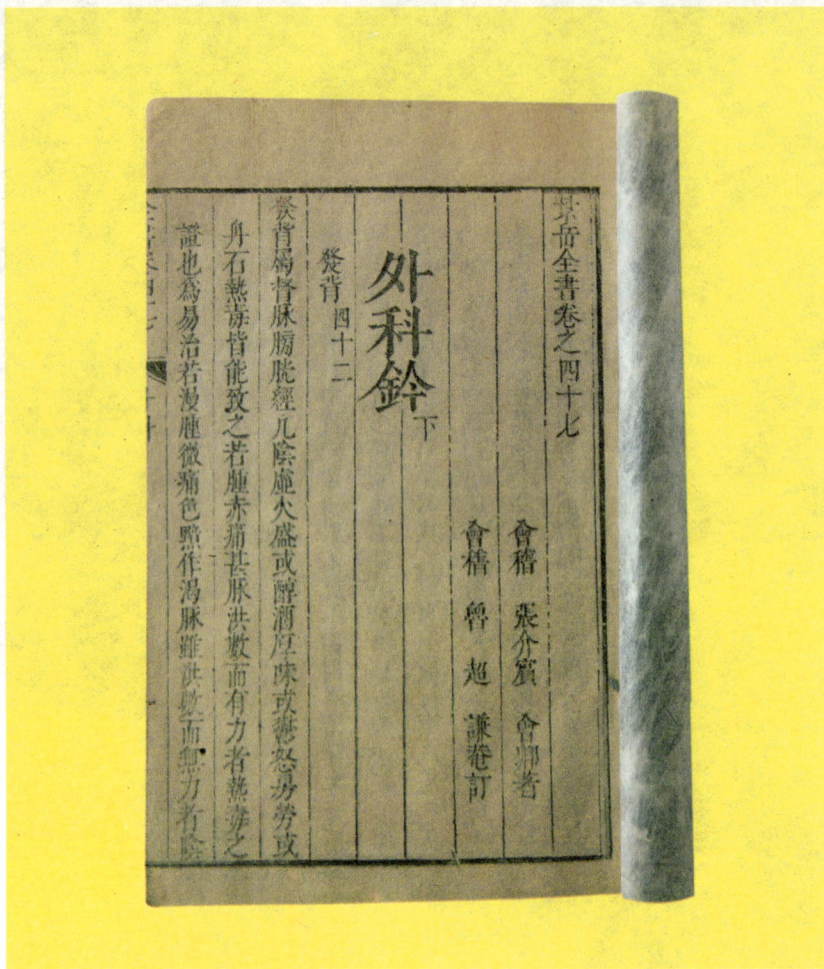

《景岳全书》内文

之精义，考验心得之玄微。"这句话说出了《景岳全书》编撰的意义之所在。

如今去医院看病，大家肯定都有这样的经验，医院分为很多科室，我们挂号的时候，根据自己的病情到不同的医生那里看病。小孩子就要去儿科；妇女就要去妇科；如果是外伤，就要去外科诊室治疗。张景岳的《景岳全书》不仅有专门关于儿科的章节，还有关于妇科、外科等各种疾病的治疗方法。比如说《景岳全书·传忠录》这一章里记录了张景岳关于医学理论、医评、问诊和诊断、治疗原则等方面的文章共三十余篇，多是有关温补学说的论述。《景岳全书·脉神章》录有历代脉学，其中诊脉之法和脉象主病多有结合临床经验的评论。《景岳全书·伤寒典》补充"《内经》伤寒诸义及诸治法之未备者"，论述了伤寒病的证治。《景岳全书·杂证谟》列诸内科杂症的病因病机、治理药方和部分医评，并辅有部分医案，论述系统精彩。

《景岳全书·妇人规》论述了九类妇科疾患，并指出妇科病症多有情志病因。当时没有专门的妇科医院，因此很多女性有了病就只能硬撑着，非常痛苦，但有了这本书，妇女们的疾病也可以得到很好的救治。

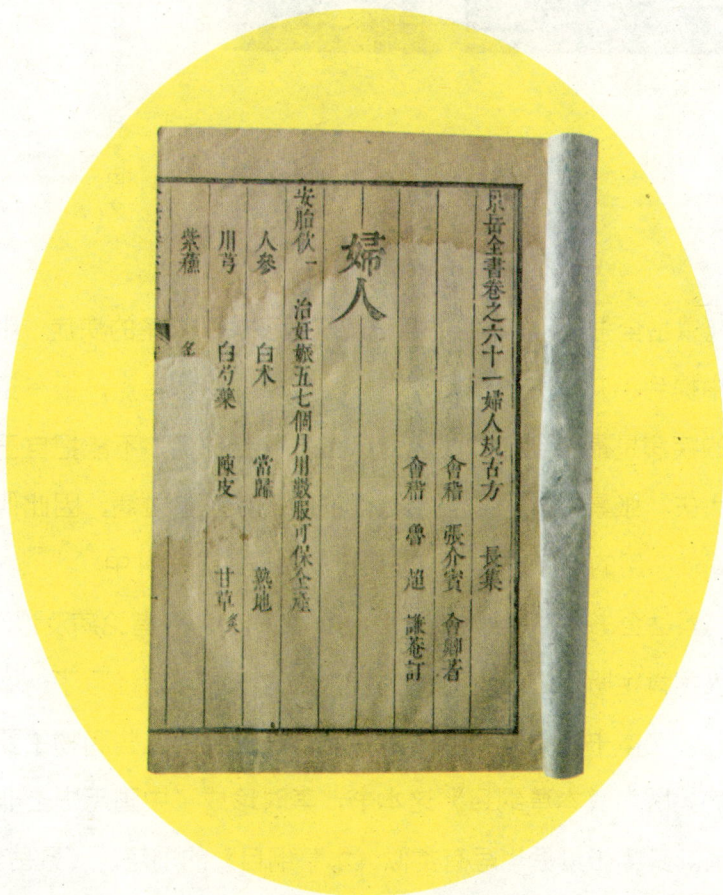

《景岳全书》内文

《本草纲目》内文

《景岳全书·小儿则》主要记载了很多关于孩子的病症。张景岳在总论中提到小儿"脏气清灵，随拨随应"的生理特点，很有见地。小孩子的疾病是最难治疗的，因为小孩子不会说话，不能把自己的情况告诉大夫。张景岳从医多年，给很多的小孩子看过病，因此他总结了一套简便实用的治疗方法收录在自己的《景岳全书》中。

《景岳全书·痘疹诠》《景岳全书·外科钤》各有论病及诊治。

大家肯定听说过李时珍的名字，因为李时珍曾经写了一本《本草纲目》。这本书不仅记载了很多药物，还记载了这些药物主要治疗什么疾病。因为《本草纲目》这本书，李时珍成了中国历史上非常有名的医者。其实张景岳也写有类似《本草纲目》的书籍，《景岳全书·本

《本草纲目》

温 WEN
补 BU
大 DA
家 JIA

78

张 ZHANG
景 JING
岳 YUE

《景岳全书》

草正》中介绍了几百种药物。张景岳把每一种药物的气味和作用都详细地写了下来，还把自己从医这么多年使用这些药物的经验体会写了下来，具有极强的实用性。

张景岳青年时期的从军生活对他影响很大。他还把兵法里的知识与医理融会贯通，认为给病人用药跟打仗用兵一样。他将打仗用的"八阵"法应用到药物的分类上，将药物分为"补、和、攻、散、寒、热、固、因"，并创作了《景岳全书·新方八阵》和《景岳全书·古方八阵》。《景岳全书·新方八阵》中所记录的药方具有创新精神，《景岳全书·古方八阵》则堪称经典。

那个时代，很多名医都把药方当作宝贝，不愿意和别人分享，但张景岳却把自己总结的药方以及自己在书中学到的药方全部写进了《景岳全书》。全书共收录新药方一百八十六方，古方一千五百三十三方，其中妇科一百八十六方，儿科一百九十九方，痘疹一百七十三方，外科三百七十四方及砭法、灸法十二种。张景岳搜集了大量民间验方进行认真研究，在医术上不断探索，更加精益求精。

《景岳全书》记载了大量有效的药方，为医学的发展做出了巨大贡献，是中国医学史上影响最大的著作之一，也是后世学医者研习医学必备的经典著作。其所确立的温补治疗原则，受到历代医家的推崇。

李东垣像

知识加油站

"温补派"是什么派别？

继"河间之学""丹溪之学"广为传播之后，明代时医者用药多偏于苦寒，常损伤脾胃，克伐真阳，形成了时弊。鉴于此，以薛己为代表的一些医家在继承李东垣"脾胃学说"的基础上，进而探讨肾和命门病机，从阴阳水火不足的角度探讨脏腑虚损的病机与辨证治疗，建立了以温养补虚为临床特色的辨治虚损病症的系列方法。他们强调脾胃、肾命、阳气对生命的作用，在辨证论治方面，或侧重脾胃，或侧重肾命，而善用甘温之味，后世称之为"温补学派"。温补学派的代表医家有薛己、孙一奎、赵献可、张景岳、李中梓等。

冰凉花

第六章

光照千古的人生

张景岳一生都在为我国医学的发展做贡献，特别是晚年，他把毕生的经验都记录在了自己的书中。一直到去世之后，他的《景岳全书》才与世人见面。张景岳在他七十八岁那年离开了人世，但是历史会永远铭记他的名字。

张景岳直到去世都在潜心研究医学，七十八岁那年与世长辞。

张景岳晚年编著的《景岳全书》内容丰富，囊括医学理论、本草、成方、临床各科疾病，是一部全面而系统的临床参考书。他的另一部重要著作《类经》是学习《黄帝内经》的参考书，价值极高。

《景岳全书》奠定了张景岳在医学史上的重要地位，并且随着时间的推移，这部专著的科学价值越来越显露出来，成为后世从医者人人必读的典籍。张景岳也因对医学的杰出贡献被后人称为"医门之柱石"。

张景岳不仅在滋阴学说的理论上有突

破性的进展，而且创造了右归丸等方剂，是"温补学派"的一代宗师。

张景岳为人谦虚谨慎，终身坚持学习。即使到了晚年，他仍笔耕不辍，《质疑录》（共四十五篇）就是他晚年完成的，内容主要是针对金元时期各医家学说进行探讨，并对他早期发表的论述有所修正和补充。

张景岳善辨八纲，探病求源；擅长温补，在其医学著述和医疗实践中有充分体现；治疗虚损颇为独到；反对苦寒滋阴，很好地纠正了寒凉时弊。他的阴阳学说、命门学说对丰富和发展中医基础理论有着积极的作用。

在整个中医理论发展史上，张景岳的医学思想体系都具有重要地位，代表着中医理论新的发展阶段。他的以温补为主的思想体系在理论和实践上，对中医基础理论的进步和完善起到了巨大的推动作用。

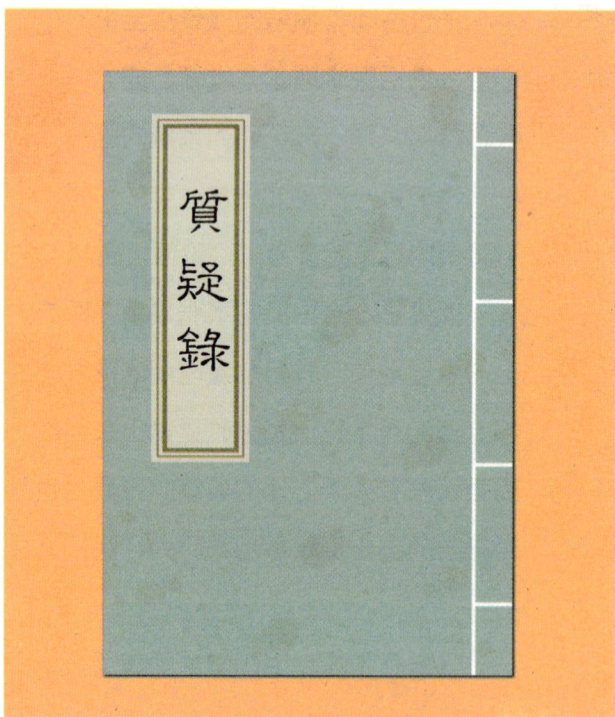

《质疑录》

他还进一步完善了气一元论，补充并发展了阳不足论，并且形成了独具特色的水火命门说，对后世养生思想的发展也产生了积极的影响。张景岳医学思想体系的发展与宋明理学有着密不可分的关系。理学思想是中国思想文化形态中最具哲学性的思想体系，集儒释道三家于一身的理学构建了新的以"太极"为核心、理气相随的哲学形态，吸收了当时的自然科学成果，被视为中国本土有机自然主义的萌芽。张景岳的医学思想深深植根于理学思想之上，运用理学家的观念对《黄帝内经》作了全新的诠释，著成《类经》一书，成为后世医家学习和研究《黄帝内经》的范本。

在诊断诊疗方面，张景岳还提出了"二纲""六变"的观点。"二纲"指的是阴和阳，"六变"指的是表里、虚实、寒热。张景岳认为治病抓药的时候，只有抓住"六变"才能掌握住病因。

张景岳认为"诸病皆当治本"，即所有的病症都应该治本，治本才是最重要的治疗。张景岳还提出了很多观点，比如说"药贵专精，尤宜勇敢"，"知邪正，权轻重"，"辨虚实"等，还有"补泻""逆从""活法探病"等治病的理论。

张景岳的临床经验非常丰富，提出了很多有见地的想法，很多治疗方法在当时都比较先进。煤气中毒在现在也是一种常见的危险病症，

打碗花

实际上张景岳早在几百年前，就对煤气中毒有很深的研究，还提出了预防煤气中毒的方法。关于中风，他也有独到的见解。

张景岳还有一个外号，叫"张熟地"，因为他提倡用温和滋补的方法，所以特别喜欢用熟地黄这味中药。张景岳擅长用熟地黄补精血。熟地黄治疗的病症非常广泛，比如说外感表证、呕吐、肿胀等等，但历代医家对熟地黄的使用都非常忌讳。而张景岳则不拘常法，信手拈来，屡收奇效。

虽然张景岳喜用温和滋补的方法，但也不是碰到什么病人都会用此法，他也会根据病人的病情适当使用一些寒凉的药物。从这点可以看出，张景岳治病不墨守成规，而是辩证看待问题，对之前朱丹溪的治病方法也是"取其精华，去其糟粕"，这是一个非常聪明的做法。

张景岳开方用药，讲求"精专"二字，从来不鱼目混珠。这一特点在《景岳全书·新方八阵》中体现得最为淋漓尽致。张景岳认为："施治之要，必须精一不杂，斯为至善。"故其大力提倡药力专一。他的自创诸方，药力均纯厚精专。如"补阵"中的左归饮、右归饮、左归丸、右归丸，皆由古方变通而得。此四方均去原方之泻，增培本之补，使其纯补而不杂，药专而有力，集中体现了张景岳"与其制补以消，孰

熟地黄

若少用纯补"及"若用制不精，则补不可以治虚，攻不可以去实"的用药思想。其次，张景岳还力倡处方用药药味宜精。药杂味多，则药力必不能专，故药味精简，这是张景岳开方用药的又一大特色。据统计，《景岳全书·新方八阵》计一百八十六方，每方药物超过十味的仅见十三方，约占总方的百分之七；用药数以六至八味居多，共八十八方，约占总方的百分之四十七；而五味药以下者共有五十八方，约占总方的百分之三十一。平均用药，每方约六味。由此可见，张景岳用药确如其言，药力精专，简便廉验。

张景岳作为著名医学家，人们都知道他善用温补，但却很少有人

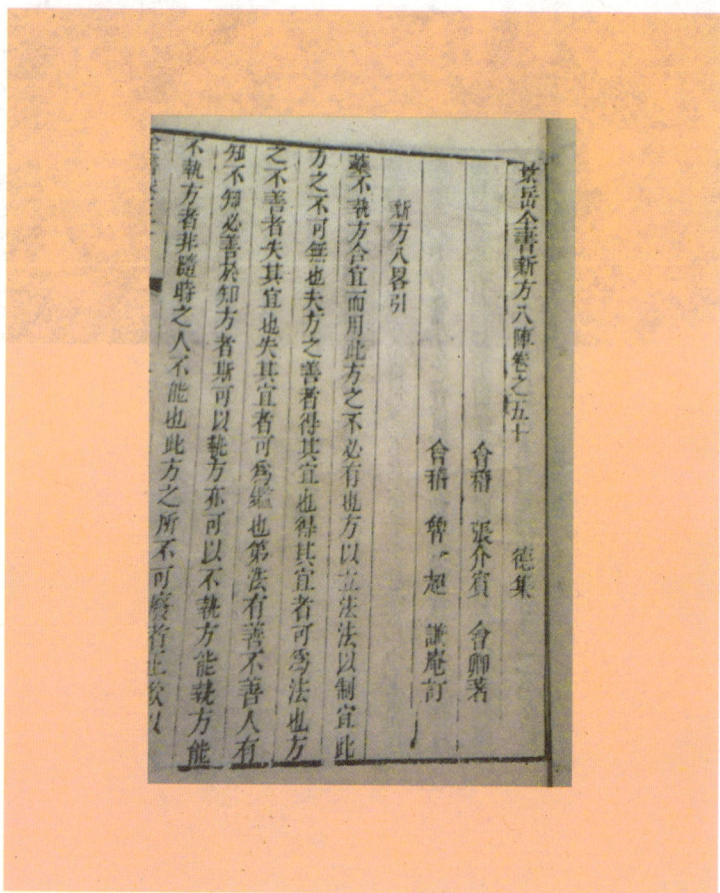

《景岳全书》内文

生地黄

知道他还有一段急智解危的故事。

当时有一户姓王的人家，家里有一个小孩刚满一周岁。有一天，小孩的母亲拿了一根钉鞋子用的铁钉给小孩玩。小孩还非常小，喜欢把东西放到嘴里，一不小心就把铁钉吞了进去，卡在喉咙里，拿不出来，也吞不进去。小孩的母亲看到之后，非常着急，就抓住小孩的脚，让他头朝地，想把铁钉给倒出来。谁知道，不仅没有倒出铁钉，小孩开始疯狂地流鼻血，当时的情况非常危急。

小孩的父亲、母亲只好大喊救命。这时，张景岳恰好从门前经过。他立即让小孩的母亲把小孩抱正，只听小孩"哇"的一声哭开了。张

神農本草經

温补大家
WEN BU
补 BU
大 DA
家 JIA
—⑩—
张 ANG
景 NG
岳 UE

《神农本草经》

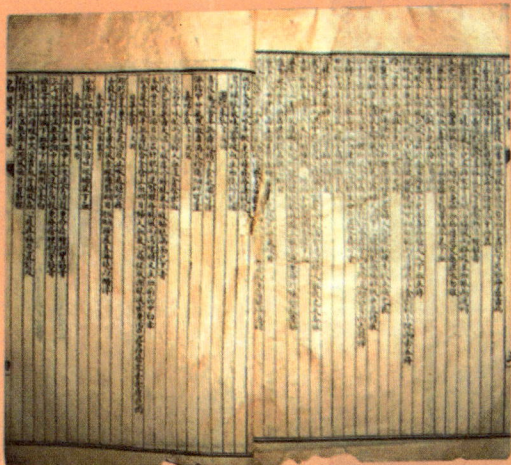

《神农本草经》内文

景岳看到这种情况，断定铁钉已经进入小孩的肠胃。小孩的父亲、母亲早就六神无主，哭求张景岳想想办法救救自己的孩子。

张景岳陷入了沉思。他记起《神农本草经》中有"铁畏朴硝"一句话，就想了一个方案。他取来活磁石一钱、芒硝二钱，把它们磨成粉末，然后用熟猪油、蜂蜜调好，让小孩吃了下去。过了一会儿，小孩排下了大便。大便跟芋头一样大，圆溜溜的，没有什么棱角，药物裹在上面，拨开一看，里面正包裹着误吞下的那根铁钉。

小孩的父亲、母亲感激不已，请教张景岳这中间的奥秘。张景岳解释说："使用的芒硝、活磁石、猪油、蜜糖四药互有联系，缺一不可。芒硝若没有吸铁的磁石就不能附在铁钉上；磁石若没有泻下的芒

蜜蜂

硝就不能逐出铁钉。猪油与蜂蜜主要在于润滑肠道，使铁钉易于排出。蜂蜜还是小儿喜欢吃的调味剂。以上四药同功合力，裹着铁钉从肠道中排出来。"

小孩的父亲、母亲听完这番话，感叹道："有道理！难怪中医用药讲究配伍，原来这些药在方剂中各自都起着重要作用哩！"

张景岳在前人论述的基础上，从后天保养的观点出发，提出了预防早衰的思想。关于预防老年病，他也有自己独特的观点。他认为过早地衰老是因为病人不知道养生，耗损了太多的精气，即所谓"残损有因，惟人自作"。人的生命过程是有规律的，人随着年龄的增长而经历少年、青年、中年和老年，所以早衰的病人通过治疗恢复青春，才是遵循生命的规律。他在《景岳全书·中兴论》中说："非逆天以强求，亦不过复吾之固有。"甚至他还在文中满怀信心地说道："国运皆有中兴，人道岂无再振？"这里的关键在于元气，早衰即是元气大伤的表现。而挽回早衰，即在重振元气。这就是"求复之道……总在元气"。张景岳说，应当抓住中年时期元气尚未大虚之机，认真地加以调理，使元气得以复常，而人身之根本得固。若以天年为百岁而言，中年时期的元气难道不是还应该保持着大部分吗？我们不难看到，张景岳的"求复"之论，跟《黄帝内经》中的有关论述是一脉相承。

有一次，张景岳被请去为一位老翁诊病。这位老翁年逾七旬，体质衰弱，突然间得了伤寒病。刚开始时，老翁请了别的大夫，用温补之法调理。十天之后，正气将复，又突然全身颤抖，不能得汗。危急之际，老翁的家人才求治于张景岳。张景岳诊视之后，用六味回阳饮，入人参一两、姜附各三钱，使之煎服，然后就告辞了。谁知张景岳刚到家，病家就又来告急了。原来，病人服药之后，一会儿便大汗如浴，但时

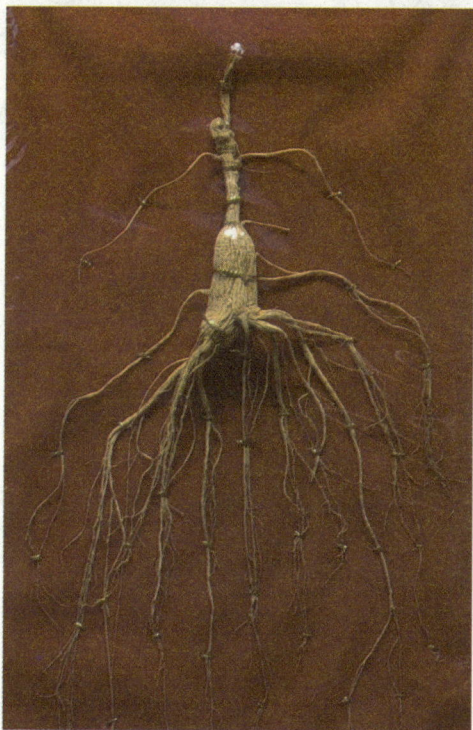

人参

过一个时辰，仍汗出不收，身冷如脱，鼻息几无。张景岳听罢，沉吟再三后，告诉病家仍然服用前方。来人一听，忍不住问道："先服此药，已大汗不止，现在又让服此药，病人再这样出汗，还能受得了吗？"张景岳笑着回答道："这里面的奥妙，说出来你可能还一时难以理解。还是赶快回去照前方取药，救人要紧！"

病家虽将信将疑，然而对张景岳妙手回春的本领早有耳闻，便照前方取药，再让病人煎服。说来也怪，病人服药之后，汗便开始收敛，神志也慢慢地清醒，不久就能下地了。然而，病家仍然解不开这个谜，便趁拜谢之际前去请教。张景岳这才解释道："病人一开始战而无汗，是由于元气不足，不能助汗；服药之后大汗不止，也是由于元气不足，而不能敛汗。无汗与大汗虽表现不同，但病机相同，所以用同一处方。"

张景岳认为，一个人如果不懂得运用阴阳调和这一养生规律，"则早衰之节也"；如果一个人懂得养生的道理，就可以"老者复壮，壮

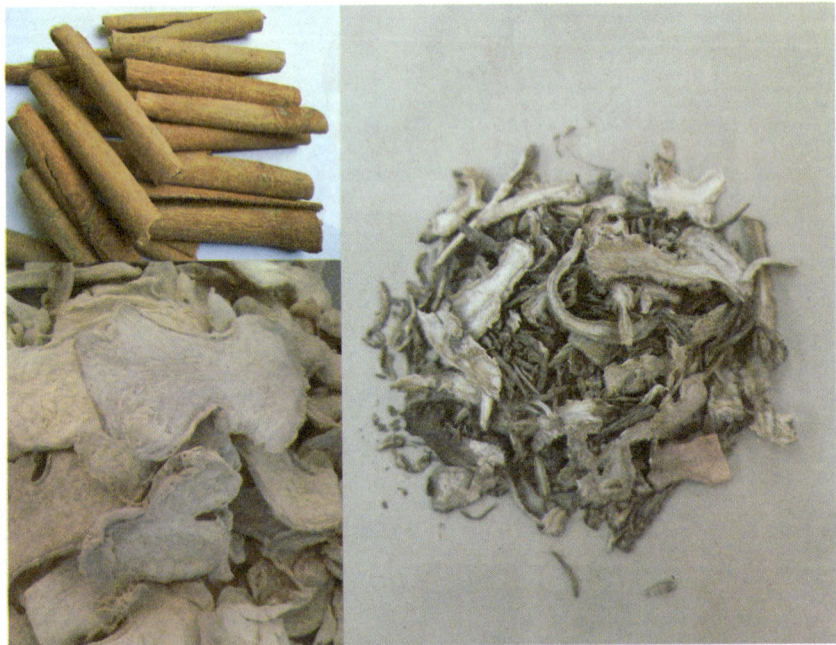

肉桂 干姜 当归

《诗经·小雅》

《诗经·小雅》

者益治"。所以，张景岳"中年求复，再振元气"的观点，是对这一规律的重大发挥。他预防早衰的思想是基于对人体生命过程的深入了解，不仅富有一种积极的主动精神，而且有着充分的科学依据。

张景岳认为，许多老年性疾病并不是突然发生的，而是在人中年后逐渐演变而成的。中年时期虽然在生理上是一个由盛而衰的过渡时期，但其生理特点完全不同于老年时期，即使逐渐出现一些衰弱的表现，但却远比六十岁时要气血旺盛、脏腑充盈得多。所以，张景岳在《景岳全书·中兴论》中主张"人于中年左右，当大为修理一番，则再振根基，尚余强半"，即加强调养，这对于避免早衰、预防老年病等，无疑具

酒

有重大的意义。他认为人尽享天年是完全有可能的。在几百年前张景岳能提出中年求复的思想，的确是十分可贵的。

《素问·上古天真论》中说，人生在世，可"度百岁乃去"。可见当时已发现人的自然寿命在一百多岁。《尚书》中也说："一曰寿，百二十岁也。"张景岳更明确地指出人的寿命极限为一百二十岁。他认为，即使人的个体寿命因遗传差异而有所不同，虽然不可能所有人都活到一百岁，但绝大多数人是应该达到九十岁以上的。

然而，事实上是大多数人刚刚到了五十岁，行动就开始迟缓。出现这种现象的原因是，这些人不知道保养自己，使元气受到了损伤。正如《素问·上古天真论》所说："以酒为浆，以妄为常，醉以入房，以欲竭其精，以耗散其真，不知持满，不时御神，务快其心，逆于生乐，起居无节，故半百而衰也。"

张景岳也是这么认为的。他认为除天灾人祸等客观原因外，就是"惟人自作"。既然是"所丧由人"，则"挽回之道，有不仍由人者乎"。元气是人身的根本，在体内是不能永远存在的。人到了中年，元气则由鼎盛而渐衰，因而更当惜之再惜。人知道元气"既以失之，而终不知其所以失也"，整日仍耽于酒、色、

温
补
大
家

WEN
BU
DA
JIA

100

张
景
岳

ZHANG
JING
YUE

绍
兴
酒

财、气、功名之中，以致"坐失机宜，变生倏忽"，令元气早衰。所以，张景岳历陈损元折寿之害，并针对性地提出了"惜元避害之法"。他在《景岳全书·传忠录·天年论》中说："酒杀可避，吾能不醉也；色杀可避，吾能不迷也；财杀可避，吾能不贪也；气杀可避，吾能看破不认真也；功名之杀可避，吾能素其行藏也。"张景岳既正视人的生理和社会需求，同时又提出应当对这些需求有所节制，这种思想较之一味勉强无为和压抑人的正当需求来说，无论从认识方面还是实践方面均大有进步。这不仅丰富和发展了我国的养生学，而且为处于社会激烈竞争中的中年人如何惜元保元，顺利步入健康的老年时期提供了正确的思路。

在西方，"心身"一词最早见于德国哲学家和精神病学家发表的系列文章之中。心身疾病的概念则出现得较晚，其系统的治疗理论则出现

鸡冠花

温 WEN
补 BU
大 DA
家 JIA

02

张 ZHANG
景 JING
岳 YUE

《赵氏医贯》

得更晚。但是张景岳在十七世纪早期就对心身疾病有了认识，早于西方学者约三个世纪，这不能不说是一种进步。他关于心身疾病的理论和经验至今仍为学者们所使用。

叶秉敬说，《类经》是一本"海内奇书"。黄宗羲认为："二十年来，医家之书盛行于世者，张景岳《类经》、赵养葵《医贯》。然《医贯》一知半解耳。《类经》明岐黄之学，有王冰之所未尽者，即学士大夫，

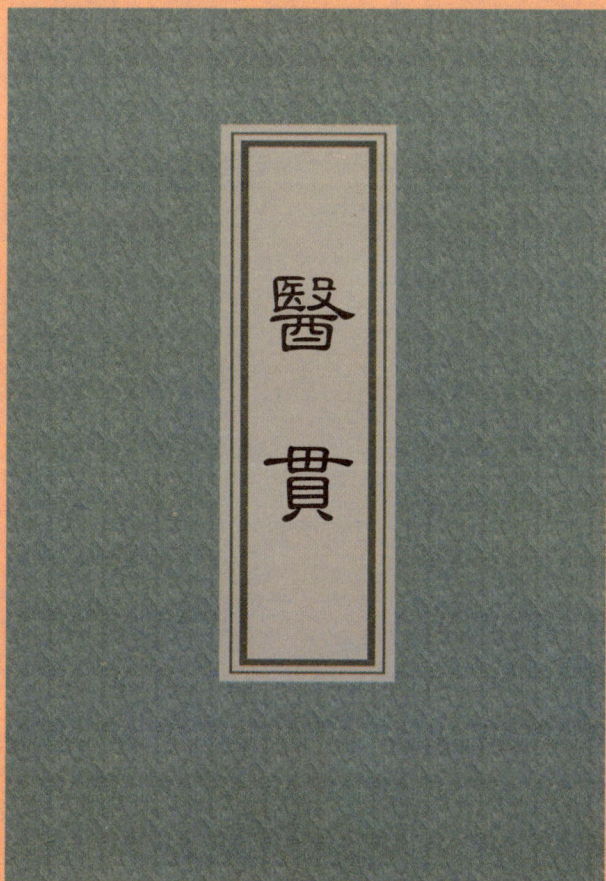

醫貫

《医贯》

亦必累月而后能通之。"这段话的意思是说，二十年来，众多医者写了无数的医书，但其中最流行的是张景岳的《类经》，还有赵养葵的《医贯》。但是《医贯》这本书并不是特别好，有些地方其实作者也是一知半解。但是《类经》就不一样了，它非常清楚地记录了医学知识，还把名医王冰没有介绍通透的东西也给解释清楚了。这本书记录的知识肯定是张景岳花了很长的时间研究出来的。清代的周中孚在他的《郑堂读书

鄭堂讀書記

记》中说其书"辨疑发隐，补缺正讹"，"靡不殚精极微，丝毫无漏"。周中孚对张景岳做出了很高的评价，他认为张景岳的书把疑难的地方解释得非常清楚，还把以前医书中缺少的部分给补全了，而且纠正了以前医书中错误的地方。

当然，也有一些人并不赞同张景岳的理论。陈念祖在《景岳新方砭》中，认为张景岳的书"皆拾前人之糟粕"，是"厨子所造八仙菜"。他认为张景岳的书只是把以前医家错误的东西给捡走了，里面记载的都是一些糟粕，跟厨子做的八仙菜一样。

不管怎么说，张景岳作为温补学派的代表人物，他的功劳是非常大的。但是张景岳也有他的不足，比如说，他过分强调温补，而后人因循守旧，一味主张温补不知道变通，最后温补成了一种弊端，这不能不说也有他的责任。

白芷

知识加油站

什么是心身问题？

心身问题是心理学最根本的理论问题之一，是哲学中的心物问题在心理学中的体现。其讨论心理过程与躯体过程特别是大脑的神经生理过程间的关系。不同哲学和心理学派别以不同的方式解决这一问题。

后记

（一）里热实证——治疗少妇呕吐的病案

史书记载，有位少妇出生在官宦之家，从小被宠溺长大，刁蛮任性。所以，长大嫁人后，她经常怄气耍脾气，久而久之，身体出现了一些病症，如胸胁痛、呕吐、恶心。平日里一旦出现这些症状，她吃些药就好了。

但有一年秋末冬初，北京的天气渐渐凉了，大家都忙着去香山看红叶，而少妇却突然发病，呕吐不止，连续吐了两日也不见好转，甚至达到了多次昏迷的程度。因此，她的家人取消了去香山看红叶的计划，开始为她的病忙碌奔波。家人把张景岳请来了。张景岳一看，满屋子

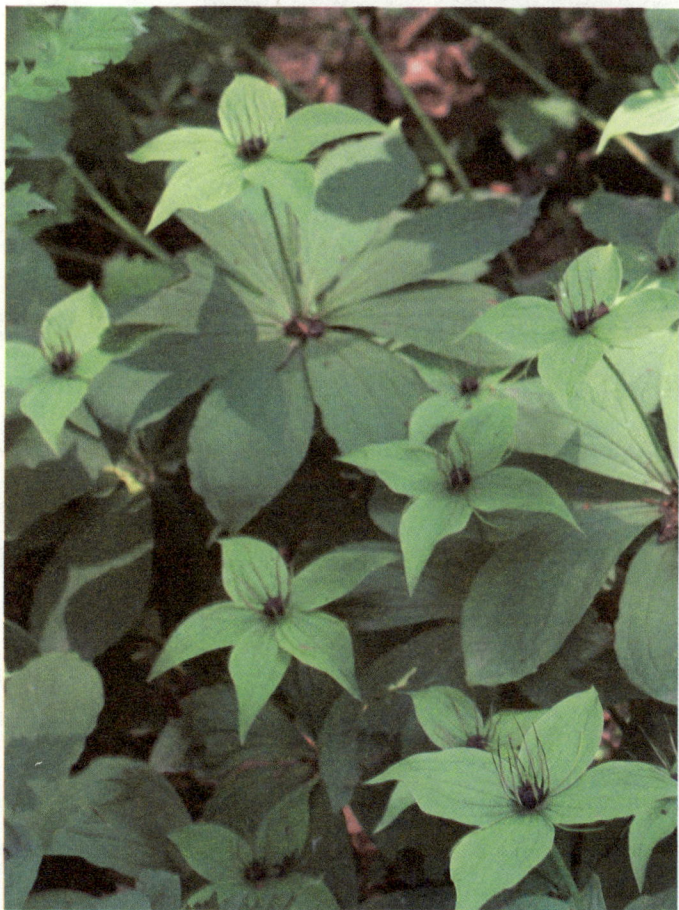

北重楼

温补大家

WEN
BU
DA
JIA

08

张景岳

HANG
ING
YUE

人参

的大夫都围着少妇，讨论着如何医治她的病。其中一个医生说，应该给她用点儿独参汤，即用一味人参熬汤，给病人灌下去，或许能够救活她。其他医生摇头表示反对，因为此时少妇病得连汤药都喝不下去了，入嘴就会呕吐出来。张景岳听了以后并没有出声，静静地坐下来给少妇诊脉，诊断的脉象是"脉数乱甚"，观察患者"烦热躁扰，莫堪名状"。

张景岳按照这个症状，加以分析：少妇烦热、躁扰、脉数乱，这属于阳证。如果是单纯的虚弱昏迷，那么那位大夫所说的单用人参汤是可以治疗的，但是这位少妇显然不仅仅是虚弱，而且热盛，所以，从阴阳上来分析，那位大夫用独参汤是行不通的。然后，张景岳又分析了表里，显然这位少妇不是外感风寒，没有外邪入侵，没有表征。于是，他想到少妇烦躁、神志受扰的样子貌似是热证，但有时候阴盛也会烦躁，该如何下结论呢？张景岳进而从脉象上判断，脉数一般是热证，也有可能是大虚。他又抬头看了看这位少妇，是盛壮之象，不是虚证。所以，只能是热证。而热证的舌象舌质一般是红色的，若是寒证，舌质一般是淡白的。所以，张景岳思考了一会儿，端来一杯冷水，询问患者是否想喝。注意，这里拿来的是冷水。如果患者是热证，她肯定是很想喝冷水的；但如果她是寒证，那么她就不会想喝冷水而是想喝热水才对。少妇点了点头，表示想喝，这说明少妇是热证而非寒证。

　　张景岳于是把冷水端给了少妇，她一口就喝光了，并且没有任何不适，也没有呕吐。于是张景岳又给她端来了一杯冷水，少妇又喝光了，还是没有任何反应。见此情形，张景岳更加坚信自己的判断，于

太极八卦图

是给她开了一方药，是张景岳自己研制的太清饮。这个方子是新方八阵里寒阵中的，具体组成是知母、石斛、木通、生石膏。此方量不大，生石膏只用了五六钱。这几味药都是用来清热的，木通清心除烦、利尿通淋，石斛有生津的作用。方子开出来以后，围在少妇身边的其他大夫就开始议论此方：现在是秋末冬初，天气凉了，患者怎能受得了这么冷的药呢？而张景岳不争辩、不解释，直接给患者用了药。用药后，少妇感觉困倦，倒头便睡着了，一睡便是半天，再起来时已没有呕吐之感。后来，张景岳又给她开了几味滋阴的药物，没多久少妇便痊愈了。患者痊愈之后，张景岳总结说："自后凡见呕吐……脉见洪数，证多烦热者，皆以此法愈之。"这个病案就是张景岳治疗里热实证的一个很好的例子。

知母

石斛

（二）里虚寒证——治疗孩子痈疽的病案

张景岳早年行走江湖，"出榆关，履碣石"，"经凤城，渡鸭绿"，耽搁了结婚生子，直到 1613 年才喜得贵子。之后，张景岳便在家潜心医道，又生了二儿子和三儿子。张景岳老年得子，对儿子格外疼爱。但小孩子哪有不生病的啊，尤其是在那个年代，张景岳的儿子就曾多次患病，每一次张景岳都会将病情、治疗过程细心地整理记录下来。

俗语话，"医不自治"，但张景岳不同，他就选择了自己给儿子治病。他的大儿子两岁时患上了背疽，这对张景岳而言实在是个晴天霹雳。刚开始发病的时候，孩子的后背只是微微有些浮肿，但这个细节并没有引起张景岳和家人们的注意，也就没有采取相应的措施。没过几天，孩子背部浮肿的部位"根深渐阔，其大如碗"，一个两岁孩子的后背

温
补
WEN
BU
大
家
DA
JIA

112

张
ZHANG
景
JING
岳
YUE

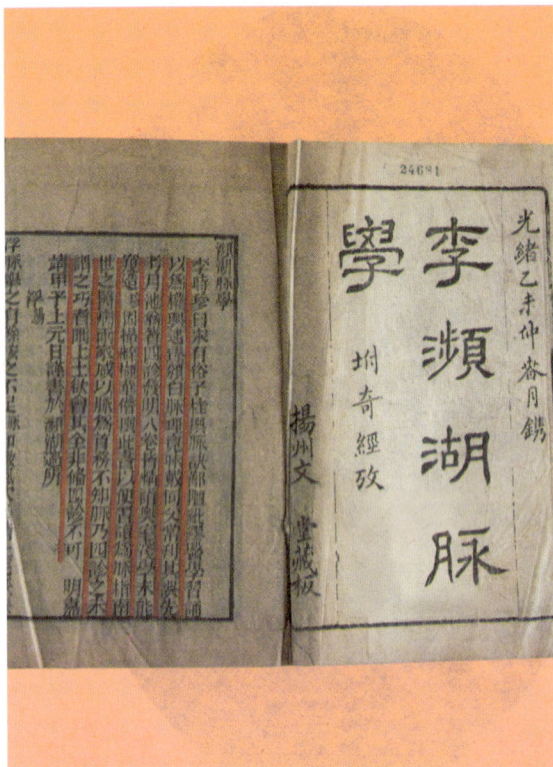

古代医书

长着一个大如碗的肿块，可想而知有多难受。后来，孩子渐渐出现了微热的症状，张景岳看在眼里疼在心上。儿子病得这么重，他有些措手不及，于是找了很多做大夫的朋友一起探讨该如何医治。他们一致认为要赶快解毒，就一起研究出了一个解毒的方子，用的都是寒凉的药物。结果，吃了这个方子大概一周的时间，孩子身上开始发热，精神状态也开始不好，进食也困难了。张景岳"畏惧之甚"，完全乱了阵脚，面对自己的命根子，研究了多年医道却束手无策，心如刀割。

于是，张景岳稳定情绪，回忆以前看过的医书里是如何治疗这类病症的。他脑中飞快地检索自己曾看过的与之相关的医学知识，他记起朱丹溪曾有论述：痈疽因积毒在脏腑，当先助胃壮气，使根本坚固，而以行经活血药为佐。但见肿痛，参之脉证，虚弱便与滋补，气血无亏，

可保终吉。张景岳回想起这些后，内心稍作镇定，有了一些把握，开始认真分析儿子的病情。

分析之后，他把自己儿子的病症定位为里虚寒证。这是从人体正气的角度分析的。孩子正气不足，所以无法把邪毒排出体外，这才形成了痈疽在背、神情困倦之态。他马上给儿子开了一剂药方：人参、附子、当归、熟地、炙甘草、肉桂。此药方里温补药物多，也有活血养血的。张景岳把这方子给儿子喝了一服后，孩子就开始能够进食了，再服了一服，精神便好起来了。于是张景岳继续给孩子服用，"药食并进"。十服药以后，孩子后背的痈疽开始化脓。张景岳就用针将痈挑破，把脓排了出来，又继续调理了一个月，孩子的病终于完全康复了。事后，张景岳自己总结，在判断儿子病情的时候，首先用了阴阳理论。其实正气和邪气是一对矛盾的产物，但此时孩子的正气虚才是关键，他把这个症状称作"阴证"，邪气此时还没有完全发作，因此，扶正才是治疗的关键。张景岳医治儿子的痈疽就是典型的里虚寒证的治疗病案。

大儿子好了，二儿子没多久又病了。张景岳五十多岁时生的二儿子。二儿子是五月份出生的，等秋天时，才半岁不到。有一天，二儿子被寒风吹到了，忽然患了感冒，身上开始发烧，脉略紧。一般受了风寒应该向外发散，于是张景岳就开了一个方子，有川芎、苏叶、羌活、白芷等发散的温热药。结果一服药下去，孩子就开始拉肚子，连续拉了两天，而且出现了喘的症状，并且是越泻喘得就越厉害。张景岳这次又遇到了难题，难道这是寒邪太盛所致？他自己问自己：如果是，用了温热的药为何不好，反而还出现了腹泻呢？难道是热证所致？那么不应该泻了几天热象还不减退啊？这里肯定有问题，他琢磨着。

他认真地思考：孩子泻得厉害，喘得就越凶，说明如果是实证，就是邪气盛，那么在泻了以后，邪气排除掉了一些，喘就会减轻一些。但是，如果泻了以后，反而喘得更厉害了，说明中气是虚的，泻了以后，反而更虚，所以才会喘得更加厉害。他分析完以后，就用人参、生姜熬了热水，先给孩子喝了两三勺，抱着二儿子观察他的反应，发现孩

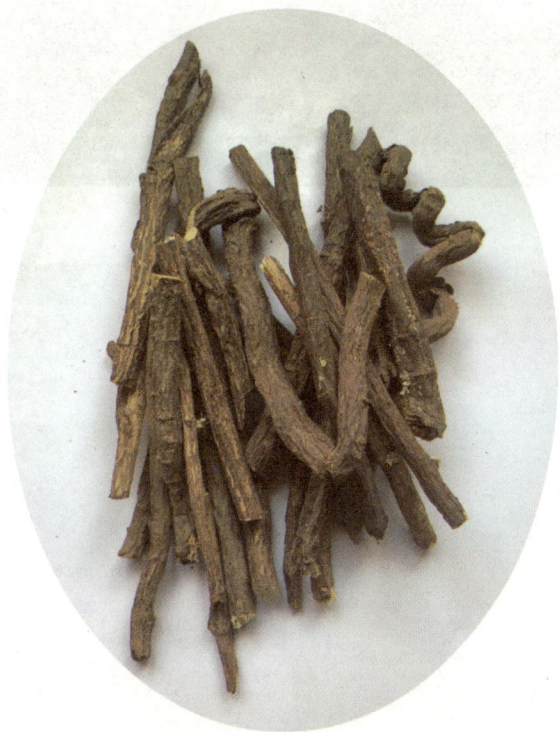

甘草

赤芍

子的喘并没有减轻，但也没有严重。于是，他就有了胆子，知道该如何给药了，继续给孩子喝刚才的药汤。过了一会儿，孩子呼吸便顺畅了。张景岳心想，原来是中气不足所致的病。他给孩子喝了几次以后，到了半夜，孩子的气息便平顺了，躺下就睡着了，腹泻也停止了，身上的热也退了。这个病就这样被张景岳自己给治好了。所以，张景岳在他的《景岳全书·小儿则》中就记载了，说孩子如果患了外感，当然要用发散的药物解毒，但是如果看到孩子没有那么明显的外感症状，"气血平和"但"困倦昏睡"，一定要首先考虑孩子是不是正气虚弱的问题。这就是张景岳为二儿子治疗感冒的病案。

又过了两年，张景岳的三儿子出生了。孩子出生在正月，正巧天气寒凉，他就嘱咐妻子注意给小儿子保暖，别着凉。但防不胜防，三儿子还是受了凉。鉴于前两个儿子，张景岳有了足够的育儿经验。他马上给三儿子用了健脾和胃的药，但效果不好。然后，他又换用了理中丸，孩子还是不见好。他继而又在方子里加入了人参、干姜、肉桂、吴茱萸、肉豆蔻等药，还是没效果。张景岳又陷入了困惑。此时，三儿子正在吃奶。他将吃进去的母乳和药全都吐了出来。孩子吐出来的东西根本没有消化，完全没有变样，而且孩子的神情也似乎很痛苦，用病危一词毫不夸张。

张景岳"含泪静坐书室"，拷问自己：一生行医，却对自己的孩子束手无策，这算什么大夫？他在书房里翻阅书籍，认真分析病情，难道是人参、附子、干姜等温药用错了？不可能啊，分明是受了风寒所致的吐泻啊！可是，为什么吃了药不见好转呢？问题到底出在哪里？张景岳十分困惑，到了半夜，他突然坐了起来，心想：难道是胃气虚弱得厉害导致的？一定是药的气味和胃的喜好不同，才把药物吐出来的，把药物的味道改变一下呢？于是他说干就干，用胡椒、煨姜和人参配了一份胡椒汤，喂给孩子喝下去。见孩子并没有呕吐，张景岳有了信心，

继续给孩子服用。但过了一会儿，孩子突然烦躁了起来。家里人开始埋怨张景岳，人参是好东西，但也不能这么服用啊！张景岳也开始纳闷，如果是药用错了，一开始服用的时候就该有反应啊，为什么此时才发作呢？他琢磨了一会儿，难道此时正气已复，孩子是饿的？想到这里，他端来了一碗粥，结果三儿子"张皇欲得，其状甚急"，孩子吃得"鲸吞虎咽"，全给吃了，再给半碗，也全都吃光了，最后困了就倒头睡着了。等孩子睡醒后，病也就渐渐好了。

以上是张景岳治疗自己三个儿子病症的医案。他利用所学知识慢慢摸索，总结出了《景岳全书》里堪称经典的《小儿则》。

合欢花

（三）阳结——治疗少年大小便不通的病案

有一位少年，没事平日里总喜欢喝酒。那酒不是一般的黄酒，而是"火酒"，类似于今天所说的烈酒一类。一年夏天，少年喝得烂醉如泥，然后就睡在了露天地里。夜里风凉，他也不知不惧。但是时间久了，经常这样喝醉，还睡在野外，他就患上了病。有一次，他大小便都不通了，憋得难受不已。这是个急症，少年的家里人就马上把张景岳给请去了。当他看到这位少年时，愣了一下，仿佛看到了年少的自己，不禁叹了口气。张景岳诊完脉，观察舌象，发现他舌苔发黄，脉也大，并非是睡在草地里得的寒证，恰恰是热证。这是阳结，必须

酒

使用苦寒之药治疗。他给少年开了一个方，名叫大承气汤，其中大黄用到了今日的十五克之多，但少年仍无任何反应。张景岳觉得奇怪。

他就又用了神佑丸和通导丸，可少年仍旧是大小便不通。张景岳坚信自己的判断，认为少年是阳结所致，他顶住压力又开了大承气汤，但是这次生大黄用了二两，又加入了猪牙皂角二钱煎服。少年下午服用此药，到了凌晨就开始泻了，大便泻了以后，小便也开始通了，这个病就慢慢好了。

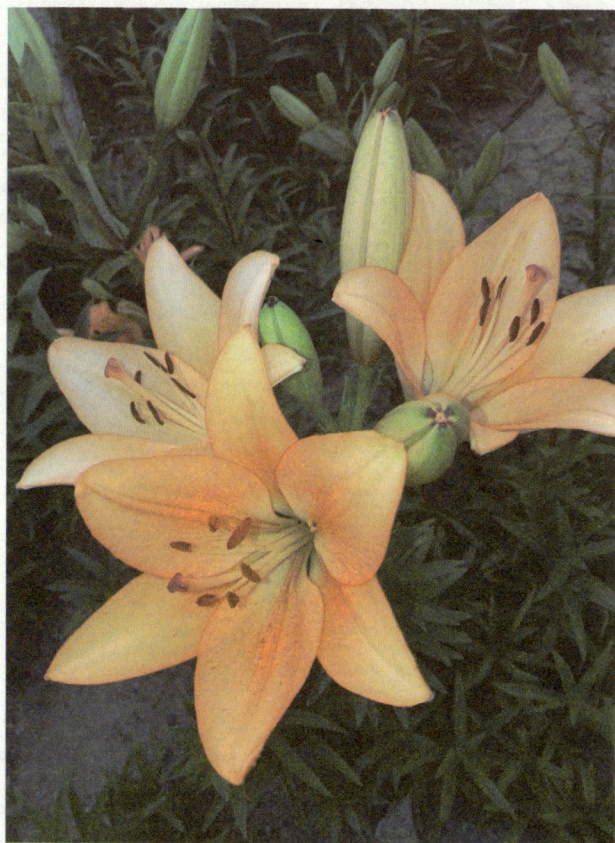

百合